見通し不安なプロジェクトの切り拓き方

前田 考歩
TAKAHO MAEDA
後藤 洋平
YOHEI GOTO

宣伝会議

まえがき

今日の社会においては、実に幅広い領域で、ルーティンワークではない前例のない仕事、すなわち **「プロジェクト」** が発生しています。

プロジェクトというと、新規事業や新商品開発、システム開発といったものを連想するかもしれませんが、そうした「いかにも」なものばかりとは限りません。新しい顧客を開拓する、あるいは業界、国や地域に進出する。様々な雇用形態の人とチームを組む。新たに注目を浴びている技術を採用してみる。景況感の変動に応じて、攻めに、あるいは、守りに転じる。転職活動や婚活をやってみる。より良い住環境を求めて移住や二拠点生活を始める。ふるさとに災害が発生し、初めてボランティアに従事する。

こうした「やってみる前に、何をしたらどんな結果が得られるかが、わからない活動」は、仕事かプライベートかに限らず、私たちの日常に満ちています。

それらは一回限りの勝負です。何が正解なのかがよくわからないなか、意思決定をしなければなりません。いまここで、右に進むべきか、左に進むべきか。または立ち止まるのか、後退か。何を根拠に意思決定すればよいかがわからない、あいまいな世界です。しばしば、関係者との間で意見が衝突します。ときに、後戻りがきかない場面で、致命的なすれ違いを演じてしまうこともあります。同じ目標に向かっている、一番大切な、ともに戦う仲間であるはずなのに、なぜか食い違い、すれ違うこともあります。

ミスが怒りを呼び、怒りがミスを呼ぶ悪循環のなか、次の進め方について組織的合意が取れない状態のことを、いつか誰かが「炎上」と名付けたのでした。いまの進め方のどこがだめなのか、スケジュールが遅れているのはなぜなのか、誰のせいなのか。話し合うたびに、そんなことに時間がとられてしまい、肝心の作業に手が回らない。そんな**「炎上プロジェクト」**の、なんと多いことでしょうか。誰も幸せにならない仕事。ぼうぼうと燃え上がっている案件の反面、不完全燃焼の状態に追い込まれる関係者も生み出してしまう。もっとこうしたい、ああしたらいいと思っているのに、発言が届かない、実行に移せない。自分の能力が活かされない。報酬が、余暇が足りない……副産物としての不満がさらに燃料を注ぎます。

一方で、どんな人にも、素晴らしいチームワークのもと、みるみる成果を挙げた、理想のプロジェクトの経験というものも、一度か二度は、あるのではないでしょうか。やったことがうまく結果につながる。結果が出るから、新たな知識や意欲が生まれてくる。メンバーとの意思疎通が円滑にできて、阿吽の呼吸で連携するのが楽しい。仕事だけれども、仕事じゃないような感じ。ハードワークだけれども、気持ちは充実していて心地良い。

同じ徹夜でも、胃がキリキリするようなプレッシャーのなかの孤独な作業だとつらいですが、ワイワイガヤガヤと高校の文化祭準備のようなお祭り騒ぎなら、むしろ、望むところです。本書では、そのような、成果が知識とやる気を引き出す、理想のプロジェクトのあり方を提案したいと考えています。

それは言うなれば、「炎上」ならぬ**「燃焼プロジェクト」**とでも呼ぶべき、新たな進め方です。

もし、あなたがいま携わっているプロジェクトが、炎上や不完全燃焼にならず、理想の燃焼状態だったとしたら、社会のなかで求められる役割を果たす喜びが、その仕事自体から感じられるのではないでしょうか。もし世の中のすべてのプロジェクトが上手に燃焼したら、GDPだけでなく、幸福度もきっとうなぎ上りに高まることと思います。ワーク・ライフ・バランスという言葉がありますが、ワークか、ライフか、という二者択一ではなく、ワークとライフが相互に良い影響を及ぼし合う世界。問題は、そのような理想のプロジェクトチームが、時々、偶然的に生まれることは確かなのに、生まれるための要因が、はっきりとしていないことです。カリスマ的なリーダーのおかげ？　経験豊かなメンバーの手柄？　選んだマーケットが良くて、追い風が吹いてくれたから？　相性の問題？　あの日あの時あの場所で、たまたま偶然、幸運の女神が微笑んでくれたから？
いつ、どんな状況でも、誰がやっても同じような結果が出る、再現性のある方法論が存在しないのは困ったことです。リーダーシップやチームビルディング、コーチングなど、組織開発についての知識はたくさん生み出されています。アジャイルやリーンスタートアップ、スクラムなどの開発手法もしかりです。ですが、それらを一生懸命学んで実践しても、なかなか思い通りに人は動いてくれません。それは、多くの方が実感していることではないでしょうか。

いったいそれは、なぜなのか。

「未知なるプロジェクトにおける目標の立て方と、その実現過程の考え方に、実は根本的な間違いがあったからだ」とするのが、本書の考えです。

「ゴールがどこにあるのか、よくわからない」
「顧客の要望するレベルが高すぎて、追いつけない」
「時間が、知識が、その他様々な資源が足りない」
「なんでもない雑事が積み重なって、目標のはるか手前で動かない」

こうした様々な「ない」に視界を阻まれるなか、見えない明日に向かって次の一手を繰り出す。これは大変に勇気を要する行為です。

筆者らはデビュー作である前著『予定通り進まないプロジェクトの進め方』において、そもそも思った通りに進まないようにできているプロジェクトというものを、創造的に考える方法を世に問いました。

仕事を前に進めるために、初期条件に縛られずに、勝利条件を柔軟に更新する。目標と所与の条件を俯瞰的にとらえて、個々の要素の関係性をつなぎあわせる。つまり、「管理」ではなく「編集」的な発想で、プロジェクト進行を考える。詳細は前著を手に取っていただければと思いますが、この考え方は筆者らの想像を超えて受け入れていただいたのでした。刊行から約二年が経過した現在、六刷を数えるに至っており、この分野の書籍としては異例の販売となっています。いったいなぜ、と書いた当事者が自問自答するのも妙な話ですが、実際のところ、プロジェクトマネジメントというニッチなテーマの本がここまで売れるというのは、版元にとっても想定外だったようです。

この想定外はいわゆる「嬉しい誤算」というやつです。そう、プロジェクトが思い通りにいかないのならば、いっそのこと、「思った以上に成果を出す」ようにしてしまえば良い。本書で問いたいのは、そんな発想の転換が、可能であるという命題です。

ここで、全体構成についてご説明します。第1章が本書における問題提起です。プロジェクトとは、どこが、なぜ難しいのか。これをマネジメントするという発想がはらむ矛盾とはなにか。いわゆる「プロマネ」スキルは、プロジェクトという困難の本質的な課題を解決することは可能なのかについて考えます（本書では、「プロジェクトマネージャー」、「プロジェクトマネジメント」を「プロマネ」と表記いたします）。

第2章から実践編が始まります。様々なワークショップや支援活動を経て蓄積してきた事例をもとに、筆者らの提唱しているツール「プロジェクト譜」（以下、プ譜）の活用事例や方法、コツについてご紹介します。あるプロジェクトを開始する前に中心メンバーがプ譜を書くことで合意形成がスムーズになった例や、進行中にプ譜を取り入れたことで、意思決定が速くなった例など、実際にどのように使うと、どのような効果があるのかについて、具体的なイメージを共有いたします。

第3章は、プ譜の書き方、用語の定義、プ譜を用いたチームファシリテーションのコツにフォーカスします。ワークショップ参加者の方から「書くと役に立ちそうだけど、実際にどんなふうに書いたらいいかわからない」「どこまで詳しく、具体的に書くのかアドバイスが欲しい」とのお声をいただきます。実際にあった質問内容を踏まえて、実用性の高い内容をお伝えしたいと思います。

第4章では、プ譜というツールを実際にチームの運営に活かすためのおすすめのやり方について解説します。特定のリーダーが考えた進め方をメンバーにおろしていくやり方がよいのか、それともボトムアップがよいか。プ譜の更新管理は、プロマネ自身が担当するのがよいか、別のメンバーが担うのがよいか、など、こちらについても実際にあった例をもとにして、解説します。

第5章は少し角度を変えて、なぜプ譜を書くと良いのかについて考えたいと思います。ミスがミスを呼び、怒りが怒りを招く炎上プロジェクトと、成果が成果を呼び、ポジティブフィードバックがチームを成長させる燃焼プロジェクトは、いったいどこが違うのか。薪ストーブサイクルという新たなモデルを用いて考察してみたいと思います。

第6章では、また別の形でここまで語ってきたことを咀嚼したいと思います。筆者が私淑する映画監督の押井守氏をお招きし、プロジェクト進行における急所難所についてインタビューしましたので、その内容を共有いたします。

映画製作もまた、とても困難なプロジェクトです。氏は時々「興行成績よりも、作りたい作品を作ることを優先しがちな、作家性の強い監督である」と、ファンから愛情をこめた批判を受けることがあります。実はここには大きな誤解があり、投資回収する経済的活動としての映画をいかに成立させるか、その点に極めて意識的にコミットしてきた方であります。予算に責任を持つプロデューサーとクオリティに責任を持つディレクター、この二者のあいだにあるべき緊張関係とはいかなるものか。製作において監督はいかにしてメンバーの動機や能力を引き出していくべきか。長年第一線で活躍されてきた押井監督の考え方は多くのビジネスプロジェクトに対しても、興味深い示唆を与えてくれます。

最後に、文責についても記載させていただきます。この「まえがき」と第1章、第5、第6章については、後藤が担当いたしました。第2章から第4章は前田が担当しています。文中の「筆者」はこれらの担当者を表しています。

いわゆる「プロマネ」というと、企画書や実行計画書、議事録に予算管理表、課題管理表など、様々な書類を書いて書いて書きまくって、メンバーにタスクを振って、進捗を追いかけてはお尻を叩く、というものを連想します。これはプロマネという役割の人がスーパーマンのように全知全能で、利己心を捨て、ガムシャラに働かないと実現しない戦い方です。近年、ビジネスの場でも、行政の場でも、はたまたボランティアや地域コミュニティのような場でも、プロマネスキルの必要性が叫ばれていますが、そんなスーパーマンのような人は、そう簡単には見つかりませんし、一年二年で育成できるものでもありません。スーパーマンのような有能なプロマネを見つけてこよう、育成しよう、ではだめなのです。

突破口はそちらにはありません。

ではどうするか。特別な訓練を積んだ人同士でなくとも、メンバーが良い燃焼状態になれる方法を開発するのです。

そんなことが可能なのか、と思うかもしれませんが、要するに炎上の原因とは意思疎通の障害にあるのですから、「求められているものは何か」「自分は何をやりたくて、何ができるのか」「自分たちはどうなりたいのか」ということを、適切に表現することが、本質的な解決につながります。

本書が提案するのは、「予定通り進まない」というプロジェクトの性質を逆手にとって、逆に想像した以上の成果にたどり着く方法です。**プ譜という、誰にでも書けて、誰にでも読める形式で表現することによる、意思疎通の爆速化。**これがキーワードです。

プロの楽団員がそろっていても、指揮者の腕前次第ではその実力が引き出せません。ジャズやブルースがそうであるように、共通のフォーマット、プロトコルに基づく「仕組み」や「方法」によって即興的にグルーヴを生み出していく、そんなプロジェクトのあり方を打ち立てたい。それが本書を刊行するテーマです。

第1章 前例のない共同作業を進めるためには、何から考えればいいのか

第2章 プ譜を書くと、プロジェクトが前に進む

第3章
プ譜の書き方、チームでの運用法 〜プロジェクト開始前の合意形成編

第4章
プ譜の書き方、チームでの運用法
～プロジェクト開始後の振り返り編

第5章 成果が自発的発展を呼び込む「燃焼プロジェクト」の作り方

第6章 押井守監督インタビュー：勝つために、自らが戦うべき「状況」を発見せよ

第1章

前例のない共同作業を進めるためには、何から考えればいいのか

ねえ、落ち着いて考えてご覧よ。今俺達が何をするべきなのか。其々の持ち場で何かしなくちゃ、何かしよう、その結果が状況をここまで悪化させた。そうは思わないか

（機動警察パトレイバー2 the Movie）

1-1 姿かたちのない期待と過程、姿かたちがある成果物

情報技術をはじめとする諸分野で次々と生まれる革新をきっかけに、企業や行政などの現場で、前例のない新しい取り組みに着手する。例えばそんな形で、新たなプロジェクトが開始されることがあります。掲げられた目的は、社会課題の解決や収益の改善、あるいは大きな夢の実現など様々です。

そのような場では、幅広い利害関係者と一緒になって未知の課題解決に挑戦するのが通常です。組織における部門や事業部のなかで完結しない取り組みや、異なる文化や価値観を持つ人や組織とのコラボレーションも活発に行われています。こうした新しいプロジェクトにおいて、多くの場合、無意識の前提があります。それは「まずは何をどのように実現するかの計画が必要であり、また立案した計画は、計画したとおりに執行されなければならない」というものです。当たり前といえば当たり前なのですが、その強度が強すぎると、

かえって遅延や滞留に悩まされることになります。本章では、そうした困難に立ち向かうためのいわゆる「プロジェクトマネジメント」という活動が、いったいいかなるものなのかを考察し、何をどのように考えたら状況を前進させられるのかを整理したいと思います。

どんなに難しい仕事であっても、正しい計画を作ることが可能で、すべてを見通して全責任を担う現場監督者がいて、迷える仔羊たちを導いてくれる。そんなふうにプロジェクトとは、進行されるべきである。こう考える人も多いと思います。

例えば、何か新しいＩＴソフト開発を専門の開発会社に依頼するといった場合、あなたがその発注者であるならば、右のようなイメージについて、むしろ当然だと考えることでしょう。ＩＴ開発に限らず、マイホームを建てるときでも、結婚式のプランナーに理想の式のイメージを語るときであっても、「相手はこの分野のプロフェッショナルであり、プロであるならば、支払った対価に見合う、確実な未来をもたらしてくれるべきだ」と考えます。

それは契約という行為において当然あるべき前提ですが、現実のうえでは、しばしば裏切られるものです。自分の要望がうまく理解されなかったり、提示されたプランが期待していたイメージとかけ離れていたり。ああでもない、こうでもないと議論をしながら、すったもんだを繰り広げ、ようやく、形が見えてくる。

こうした苦労は、先に挙げたような、特定の顧客に対してするクライアントワークに限りません。新規事業や新商品開発といったような自発的なプロジェクトにおいても、発案者なり組織上の責任者なり、誰かしらの頭のなかに「正解」や「あるべき姿」が存在していて、問題はいかにそれをこの世に具現化するかだと考え、着手する。しかし、進めている間に、互いのイメージのズレや意思疎通のうえでの問題に悩まされるのです。

ある期待を持って作り出した成果物が、いざ目の前にあらわれた瞬間、**「なんか、これ、思ってたのと違った」**となる。これは大変に困ったことです。

そんな時、良かれと思って発した言葉やアイデアが、かえって障害になることもあります。そうこうしているうちに予算もスケジュールも枯渇していきます。どうも最初に考えていたものにはなりそうもないし、このままの進め方では、そもそも空中分解の危険もありそうだ、ということが、やってみた後で初めて、わかってくるのです。

どんなプロジェクトにも必ず、それに着手する前提となるニーズや要望、課題がありま す。それに対して解決策を考え、何かしらの成果物を生み出します。その成果物には、色や形、重さや質感といった、目で見たり耳で聞いたり、五感によって感じることができるリアリティが存在します。しかしそれは、当たり前ですが、生み出される前には、この世に存在しません。人間の頭のなかで構想され、設計され、具現化されるものです。

できたものに、結果論であれこれと注文をつけるものの、自分では手を動かさない人は、評論家といってよく煙たがられます。批判するときは対案を出そう、なんて言ったりもします。ただ「評論家」も、悪意があってそうしているのではなく、一生懸命、誠実に考えて行動しても、注文をつけざるを得ない、ということもあります。そもそも、「思ってたのと違った」というのなら、「思っていたもの」があるはずです。であれば、それをそのまま取り出して表現すれば成果物になるはず。わざわざ人に依頼するなんて遠回りをせずに、自分でそれを生み出してしまえばよい。しかし、それが不可能だからこそ、他者に依頼しているわけです。

いったい、その人はもともと何を「思ってた」のか？　よく考えると、不思議な感覚です。何かを「思って」いるのに、その具体的な姿は存在しない。

これに輪をかけて話をややこしくするのが、その成果物を生み出すための過程をどう考えているかが、目に見えないということです。

例えば、ある人は簡易的なラフイメージや試作品をまず形にして、それをたたき台にブラッシュアップしていくという、アジャイル的な進め方を考えていて、もう片方の人は、事前にきっちりと要求を整理し、仕様や設計まで詰めてからものづくりに取り掛かりたい、ウォーターフォール型の進め方をするべきだ、というような場合があります。このように、そもそもの進め方のイメージが食い違っていると、どんなに誠実な思いで一生懸命ものを考え、表現しても、相手からすると意味のわからないものになってしまいます。スケジュールで表現したり、それこそ企画書や計画書を見せたりはするものの、一つひとつの言葉の意味が共有されていないがために、どうも話が噛み合わない。そんなことも多いものです。

初対面の人同士で何かを開始する場合、序盤において最も難しいのが、この「進め方の目線合わせ」です。互いに先入観もあれば、期待値もあります。お互いが出し合う成果物が、プロジェクト全体のなかでどのような位置づけにあって、どのような意図で提出されているのか、こうしたことがわからないと、何かを提出されても、どう受け取ったらいいいかがわかりません。「この人、本当はやる気がないんじゃないか」「それとも能力が足りないのか」「自分だけいいとこどりをしようとしていないか」と疑心暗鬼が始まると、信頼関係を構築し直すのも難しくなってしまいます。

では、何度も仕事をしてきた同士の場合は、話は早いのかというと、実はそうとも限りません。阿吽の呼吸で、必要最低限の連絡事項で、意図が伝わる、ということも多いですが、それを期待しすぎるあまり、意思疎通を軽視したことでかえって誤解を招くこともあります。かたや、多くを語らずとも通じ合っているつもりだったのに、相手方は意欲をなくし、心も閉ざしてただ表面的なやりとりをしていた、そんな構図もよく見かけます。

実際のところ、プロジェクトにおける苦労の大部分は、設計や製造といった、**成果物を生み出すための具体的、直接的な作業**ではなくて、**それを成立させる前提を固めるための、コミュニケーションの労力**のほうなのです。

作ってみないと、その成果物が本当に求めていたものなのかどうかがわからない。さらに、それを作ったり評価したりする過程についてのイメージが共有できていないから、互いの意図を誤解して話が前に進まないのです。

なぜそんなに混乱してばかりなのでしょうか。

それが、ルーティンワークではなく、プロジェクトだからです。そして、ここにこそ、ルーティンワークとプロジェクトワークの違いがあります。

1-2

思い通りの結果を出すために計画を立てたのに、その計画に振り回される!

　実際に着手した結果、当初考えていた進め方に問題があるとわかったのに対策をしないのは、最終的には、もっと大きな被害をもたらします。現場にいる人間は絶対に無理だと思っているのに、誰も声をあげられずに既定路線を歩み続ける組織を、時々見かけます。みんな到底無理だと諦めているのに、幹部だけが現状を誤認している状態。表面的には粛々と計画に従っているように見えて、作業の内実は伴っていない。そんなことだから、いざデッドラインに到達したその瞬間に、責任者が青ざめるというパターンです。代表的な例が、大規模なシステム障害や不祥事が発生したときの対応です。短時間で解決しますと宣言したばかりに矛盾が矛盾を呼んでしまう。あまりに現実離れした司令が大本営から飛んでくる様を指して、ウォーターフォールならぬ「メテオフォール」と評するのを時々見かけます。決められた経路を清らかな水が流れ落ちるのではなく、隕石が地形そのものを破壊していく。確かに、言い得て妙です。

どこかに、軌道修正できる分岐点が、あったはずなのです。早めに目標や施策を修正すべきだったのに、様々な事情や利害が邪魔をして、それができなかった、という失敗は多いものです。株主や顧客と、約束してしまった。みんなで頑張れば、やってみたらなんとかなると思っていた、というように。意思決定の段階で本当の問題に目を向けず、困難を先送りすると、結果、より大きな困難を呼び寄せてしまうのです。結果論で見ると、それは怠慢だと思うかもしれません。しかし、実際のところは、プロジェクトにかかわる多くの人は無責任でも怠慢でもない。めいめいが誠実に自分の役割を全うしようと頑張っている。それなのに、全体としてはどうもうまく進まない。そんなことのほうが、むしろ多いのです。

ビジネスモデルも組織も十分に成熟した営業組織があったとします。毎年、一定の基準で選考された新入社員を受け入れていて、一定の基準を満たす人であれば、だいたいどの程度の研修を受けて、どの程度の時間をかけたら、どの程度の成果が生まれるか、そんな相関関係がよく見えている状態。そんな事業であれば、担当者を何人増員したら、売上や利益がどの程度伸ばせるか、線形的に計算することができるでしょう。つまり、入力＝インプットと出力＝アウトプットの関係が明確に見えている、ルーティンワークの世界です。

一方、急成長しているスタートアップの場合、入社するメンバーの資質も経歴もバラバラで、どんな人が成果を出しやすく、どんな人がそうでないか、よくわからない、といったことがあります。そもそも公募で新たな仲間を見つけ、採用するのが初めて、ということも珍しい話ではありません。これはプロジェクトの世界です。１００万円をかけて採用広告を出してみたが、応募が全然期待よりも少なかったとか、期待の新人があっという間に退職してしまったとか、非線形的で、混沌として、未来はとても不透明です。

インプットとアウトプットの関係が明確かどうかを見てみると、同じ採用や配属という仕事でも、ある組織や人にとってはルーティンワークの世界であり、別の組織や人にとってはプロジェクトである、そんな違いが出てくることがわかります。

この延長線上で、ありとあらゆる活動をこの図式にあてはめて考えることが可能です。それを模式的に表現したのが、こちらの図です。事業投資の経験が豊富な人からすると、

図１

入力と出力の関係が明らかなのが、ルーティンワーク

input	f(x)	output
投資	事業	利益
広告	メディア配信	販売
教科書	生徒に自習させる	成績UP
仕様書	システム開発会社	アプリ
薬	患者	健康
食材	キッチンで調理	美味
新人	営業部門に配属	売上UP

ある資金をどの企業に投じたら、どの程度の利益が期待できるか、これはルーティンワークに属しますが、そんな経験のない筆者にとっては、新規性もリスクも極めて高いプロジェクト、ということになります。患者に投薬すると健康状態が改善するのは、医学についてきちんと学び、医療経験が豊富な医師が診断するからであり、素人が同じことをやろうとしても、不可能であるばかりか、逆効果をもたらすかもしれません。経験豊富な家庭教師は生徒の状態を上手に把握し、適切に支援することで、一定期間で成績を向上させることができますが、そんな知識もノウハウもない人間が学習指導のまねごとをしても、うまくいくかどうかは、わかりません。

つまり、ここで申し上げたいのは、**その仕事がプロジェクトなのか、ルーティンなのかの違いとは、作業の入力と出力の関係が明らかになっているかどうかの違いである、ということです**。そして、結局のところ、それがプロジェクトなのかどうかは、その人とその仕事の関係によるのです。

マイホームは、3回建てて初めて自分の理想を実現する家が建てられるようになる、なんて言われるそうです。どんな条件を備えた家を建てたら成功と言えるのか、マイホームを建てたことのない人には、なかなか答えることはできません。

最初に青写真を描いて、そこから逆算して計画を作るのは大切ですが、未知な目標や対象に対してものごとを進めるにあたっては、初期条件に縛られていてはなにも前に進みません。思ってもみなかった障害、あるいは機会、想定を超えた外部要因によって必ず混乱が発生します。そこで、計画を計画通りに押し込めようという努力にエネルギーを注いでしまうと、肝心の実作業がなにもはかどらない、永遠に空中戦や机上の空論を戦わせる無為な時間だけが生まれてしまいます。期待した結果を思い通りに生み出すために、計画を立てたのに、その計画自体の精度が低かったがために、計画に振り回されてしまう。そんな本末転倒な事態に消耗してしまってはいけません。

とはいえ、柔軟性が大切だとは言っても、言うは易く行うは難しです。組織が大きいと、それだけ混乱も大きくなりますし、朝令暮改だとか、一貫性がないとか、思いつきだ、でたらめだ、とか、最前線にいるメンバーは基本的には言いたい放題で、つたない連携方法をとっていると、収拾がつかなくなり、統制がとれなくなる恐れもあります。

1-3
変化するプロジェクトを管理することの困難さ

では、初期条件に振り回されずにプロジェクトを進めるにはどうしたらいいのでしょうか。従来の発想を転換するための最も重要な着眼点が、**「成果物を起点とした実行計画」のあり方への反省**です。

どんなに大きな仕事でも、一つひとつは作業です。一つひとつの作業を最終ゴールにつなげるためには、それを進めていくために、いつ、どこで何をするかを示す工程表が必要です。そこで作成されるのが、実行計画書です。その代表的なものに、ＷＢＳ（Work Breakdown Structure）というものがあり、ビジネスの現場で実際に活用している方も多いと思います。日本語に訳すと、「作業分解構成図」。成果物に至るまでの仕事全体を、細かな作業に分解し構造化することで管理する、という手法です。

最初に必要な作業を洗い出し、それぞれの作業に必要なコストや人員配分を割り出して、

図2

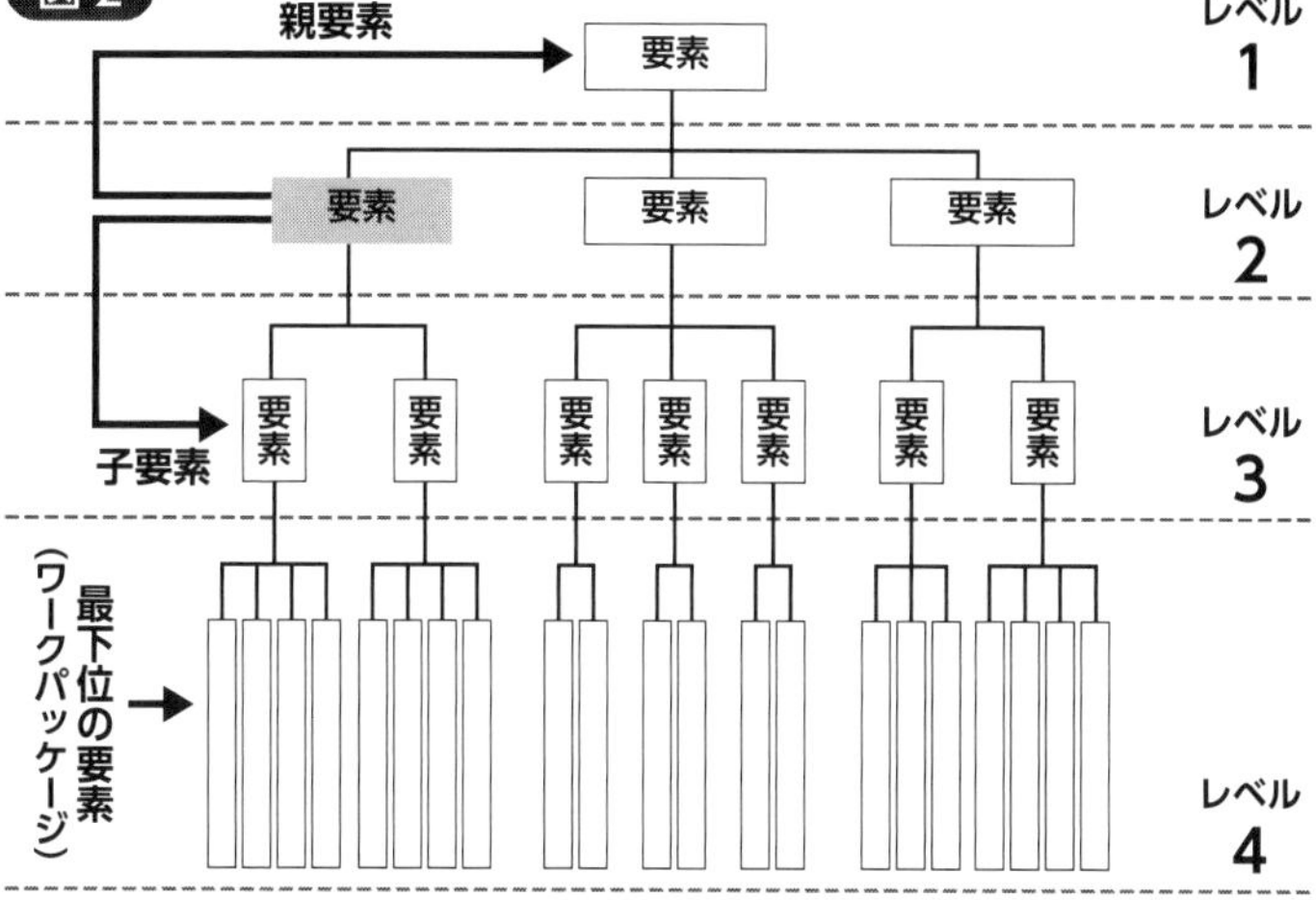

スケジュールを立てて、実行していく。違う名称で同じ目的の資料を作っている、ということもあるかもしれませんが、専門的な作法に従って書かれているかどうかは別にして、成果物を生み出すために、その中間成果物を決め、一つひとつの作業に落とし込むということを誰もが行っています（厳密な記述方法や運用お作法には諸説ありますが、本章ではそうした作業一覧や中間成果物一覧を総称して、ＷＢＳと呼びたいと思います）。

とはいうものの、周囲を見渡すと、ＷＢＳの作り方や運用の仕方について、キチンと勉強した人、良いＷＢＳがちゃんと書ける人が意外と少ない、ということに気が付きます。プロジェクトの序盤戦で完成度の低いＷＢＳ

を作ってしまったがために、無用の混乱を引き起こしてしまう事例が、非常に多いのです。

- やるべき作業の内容と受け持つ範囲を具体的にする
- 作業の前後関係を調整して、合理的な順序にする
- 精度の高いスケジュールを立てる
- 当初の計画と実際の進行状況を比較し、課題発見及び対策をする

ＷＢＳを作成すると、このような様々なメリットが得られます。個々の小さな成果物を足し合わせていくと、当初得たかったものが得られる。確かに理屈のうえでは、そうなのです。

しかしこれを現実に実行しようとすると、大きな問題に直面することになります。それは、「目標」「制約」「リソース（資源）」という、プロジェクトを構成する最も根本的な三要素が、刻一刻とそれぞれ、勝手に変化していくということです。いくら予定通り順調に開発を進めていたとしても、いきなり追加の要望が投げ込まれる。仕様が変更になる。使いたいと思っていた機械やソフト、サービスをいざ実際に使おうと思ったときに、うまく

図3

リソース	制約	目標
減ったり	厳しくなったり	遠くなったり
増えたり	ゆるくなったり	近くなったり
発見したり	発生したり	見失ったり
	消えたり	蜃気楼だったり

使えない。ある役割を任命した人が、想定していたスキルを持っていなかった。期待していた代理店が全然販売してくれなかった、そもそもあると思っていたマーケットが、存在しなかった――事前の想定と、着手した結果があまりに大きく食い違うと、当然ながら、前提条件が覆ることになるので、当初描いていたＷＢＳや、それを前提としたスケジュールは書き直しになります。何度も何度も書き直しているうちに、「これってそもそも書く意味あるの？」なんてことを思う人もいることでしょう。

実際、「ＷＢＳなんて、せいぜい偉いさんにそれっぽいものを見せて、承認をもらうための方便。実務に入ったら関係ない」と断言するビジネスパーソンもいます。そんなプロジェクトに巻き込まれたら、それこそ炎上必至ですが、当のプロマネ自身が「炎上上等」で責任感に欠ける人物だったりして。いまだにそんな現場が多いのもまた現実です。

そんな極端な例はさておき、確かに「上手にWBSを書く」ということ自体が、そもそも非常に難しいのです。全体としては複雑で難しい仕事でも、適切に分解することで、関係者は安心して一つひとつの作業に取り掛かることができる。この理屈は正しいのですが、しかしその分解方法について考えてみると、とたんによくわからなくなります。ある成果物を作るために、AとBとCの中間成果物が必要だ、と思っていても、いざやってみるとDもEも必要だったことに後から気づく。よくある話です。

戦国時代には城を攻めるとき、外にあるお堀を埋めてから本丸に攻め込みました。そのころの言葉遣いがいまなお生きていて、私たちが何かの目標を達成しようとするときも、よく「ようやく外堀が埋まってきました」なんて言ったりします。前例のないプロジェクトを進めるときには、実際のところは、お堀をいざ埋めようとしたら、地図が間違っていたとか、物資が足りなかったとか、そんなことばかりです。外堀を埋めようとして、足りないものに気づき、その調達をしようとしたら、また別の本丸があり、お堀があり、いつのまにか攻めるべき城が増えてしまう。それではいったい、前に進んでいるのか、後退しているのか、どっちなのかよくわからない。そんなこともまた多いのが現実ではないでしょうか。

1-4 プロマネ活動は、いかに「省略」できるかが鍵

やるべき作業を決めたものの決まった通りに実行されない。やってもやってもゴールにたどり着ける感じがしない。こんな課題を解決する手段を探すと、「プロジェクトマネジメント」という言葉にたどり着きます。解説書も数多く出版されています。いわゆる「プロマネ」というと、「進捗管理」「タスクの割り振り」「議事録」「遅延対策」「炎上の火消し」といった言葉が思い浮かびます。会議の司会進行、議事録の作成配布、各種日程調整など……。

進捗どうですか、というのは、ＩＴプロジェクトでの常套句です。

仕事をより良く進めるために、進行管理ができるようになるために、プロマネスキルを勉強する。プロマネ活動をたくさんする。普通はそんな順序で考えます。しかしそうしたところで、結局のところ事態が改善するのかというと、微妙なところがあります。想定外が発生し、説明や調整が必要になる。余計な作業が増える。対処しているうちにまた別の

想定外を引き起こす。またまたさらに、計画からずれてしまい……という、負の連鎖が起きやすいのです。

よく考えると、プロマネスキルはプロジェクトをマネジメントするための「手段」であって、「目的」ではありません。そもそもプロジェクトマネジメントとは、計画通りに行かなくなるからこそ発生するものです。「プロジェクトとは、こういうものだ」という無反省な前提で運用していると、場合によっては摩擦を減らすどころか、摩擦を増やしてしまったり、霧を晴らすどころか、ますます混迷の淵にいざなってしまったり。そんなことでは、進むものも進まなくなってしまいます。マネジメントというとかっこいい感じがしますが、現実的にはありとあらゆる雑用の塊です。目標や計画とそぐわない例外事象に対して、個別に対処し、今日は東、明日は西へと走り回って、実務担当者同士の交通整理に明け暮れる。**実は、いわゆる狭義のプロマネ活動とは、その必要性を十分に理解したうえで、「いかに省略できるか」にプロジェクトの成功の鍵があります。**どうすれば面倒な管理をせずにメンバー同士のコラボレーションを生み出せるのか。そんな視点で「プロマネ」の役割を考えなおすことに、突破口があります。ここでぜひ、発想の転換をしていただきたいのです。いわゆるプロマネ活動は、プロジェクトがうまくいかないときほど、必要とされるものである。できればやらないに越したことはない。いかにして省略するかをこそ考えたいものである、と。

もちろん、一定以上の複雑さや規模がある状況で、いわゆるプロマネ活動を必要としないプロジェクトなど、あり得ません。マネジメントの放棄は、炎上上等の無責任な現場や、思いつき、出たとこ勝負のいちかばちかプロジェクトを生み出します。これはいけません。最低限の働きかけは必要です。一方で、管理のための管理、無駄な管理もまた悪です。最低限の管理コストで最大効率をあげるマネジメントのあり方を考えなければなりません。

1-5 「プロジェクト」を「マネジメント」するという発想が含む、衝撃的な矛盾

ある働きかけの対象があって、その対象について、性質や本質を当事者が熟知していたら、所与の条件に対して、どのような活動を加えれば、いかなる結果が得られるかを見通すことができます。対象に対して思い通りに働きかけることができて、望ましい結果を得ることができる状態をなんというでしょうか。

「マネジメント」という言葉が、まさしくあてはまります。

「部下のマネジメントができていない」「売上のマネジメントができていない」などと言

うことがありますが、これらは、思った通りに部下が行動をしていないときや、売上が達成していないときに言われる言葉です。そして、マネジメントをするために、KPIと呼ばれるような活動量を測定する指標を作って定点観測し、課題発見や解決を図る、ということをします。営業電話を100件こなしたら、アポイントが5件獲得できる、とか、商談を10件こなしたら、受注が3件達成できる、とか、施策と結果の連動性が高いときに、KPI管理は力を発揮してくれます。何度も繰り返し仮説検証ができるからこそ、統計的に解釈することができ、その結果としてこの「勝利の方程式」は磨かれます。これは、まさしくルーティンワークの世界になじみがよいものです。入力と出力の相関関係がはっきりしている。だからこそ、貴重な資源である時間やお金を、安心して投入できます。

マネジメントという言葉の本来の意味を念頭に置いて「プロジェクトマネジメント」という言葉を直訳すると、「やったことのないことを、思い通りにする」という、衝撃的に不可能な、矛盾した言葉だったのだ、ということが判明します。実は、「マネジメント」という言葉、発想それ自体がそもそもプロジェクトという存在になじみづらいものなのです。初めての取り組みで、見たこともない対象を思い通りにするなんて、そんなことが果たして、神ならぬ人間の身にあって、可能なのでしょうか！

現代における軍事の考え方に多大な影響を与えたクラウゼヴィッツはこうした戦場における課題について、「摩擦」と「霧」という言葉で説明しました。

摩擦とは、軍事学において計画・命令を実行する上で直面する障害を意味します。天候や敵の応急的・非合理的な反応、偶発的な問題、予測不能な事件など、現場においては机上の計画にない、偶発的な事件がたくさん発生します。これらは計画の実行において、障害や脅威になると論じたのでした。霧とは、作戦・戦闘における指揮官から見た不確定要素のことを言います。作戦実行における意思決定の的確性は、収集された情報の質と量に依存します。軍隊では情報収集のために偵察・捜索を組織的に行うものですが、戦場において、完全に状況が把握できるほど情報が揃うことはむしろ稀です。地形や自軍・敵軍の状況、行動を完全かつリアルタイムに指揮官が把握することは不可能です。特に敵情については非常に流動的であるため、常に更新の必要性と情報の不完全性がつきまといます。

これらのことから、指揮官が十分な根拠と確信を持って意思決定するのは極めて困難であり、そこには特別な勇気が必要とされる、と、クラウゼヴィッツは語っています。もっと言ってしまえば、それは超人的な軍事の天才とされるナポレオンや、ビル・ゲイツやスティーブ・ジョブズのような一握りの天才にしかなしえないのではないか。やってもやっても増えていく作業、そのせいでどんどん悪くなる見通し。プロジェクトが難しくなってしまうのは、この二つが厄介だからであり、それはクラウゼヴィッツが論じた戦争の困難さと通底しています。

実はWBSとは、詰将棋のように運用したときに適しているツールであり、全体的な方向性や着地が定まっていないあいまいな状況、すなわち摩擦や霧に囲まれている状況では、かえって話をややこしくしてしまう危険がつきまといます。個別のタスクにおける準備物はなにか、結果として生み出すべき成果物はなにか、その過程はどのようなもので、なにがポイントか、ということが高い精度で読み切れる状況においてこそ、絶大な威力を発揮してくれるものなのです。

WBSが何度も書き直しになるのは、WBSのせいではなくて、使いどころを誤ってしまっているからだ、というわけです。つまり、プロジェクトはプロジェクトでも、経験豊富な領域で、関係者が良好な意思疎通がはかれる状態。成果物が明確に決まっていて、着実に作業を積み上げさえすれば到達できることが見えている状態。その程度まで煮詰まっている状態でこそ、最も力を発揮してくれます。

もちろんどこまで厳密に計画を追い込んだとしても、いざ実行に移すとき、思ってもみなかった障害や想定外が発生するのは避けられませんが、不確定要素が最小化されていて、考えうる限り最悪のケースが起きたとしても、実現したい内容やその過程の大筋が変わることはない。そんな状況でこそ作成するのがよいものです。

1-6

うまくいくチームはなぜ「プロマネしていない」か

投げたボールが返ってこなかったり、返ってきたボールが思っていたのと違ったり。想定していなかった結果が次々と発生するプロジェクトにおいて大切なのは、柔軟さであり、臨機応変であることです。もちろん、なんでもかんでも柔軟では、計画も約束も、何もあったものではありません。ＷＢＳを中心として、仕事を計画の枠にはめこんでいく力向きと、現実を踏まえて適切に当初の予定を更新していく力向きと、矛盾する二つの力のバランスをとらなければなりません。

川の流れをせき止めることが難しいように、プロジェクトの進行にも、それ自体が持つ流れがあります。次々とメンバーの能力が開発され、成果が生まれ、それが次の機会を生むという前進の流れを持つプロジェクトもあれば、次々とトラブルに見舞われ、責任を問われ、説明と説得に時間を奪われるなか、戦いがますます苦しくなるような流れもあります。前者のようなプロジェクトのほうが、やっていて楽しいですし、達成感もありますきっと、報酬も良くなることでしょう。そんな進め方が実現できたら、八方丸く収まりますし、かかわるみんなが幸せになれます。

どうしたらそんなことができるのでしょうか？

その答えを一言で表現するとしたら、**「意思疎通が豊かなチームを立ち上げること」**です。

「うまく全体を見渡すのが難しい」「状況が変化し続ける」「施策と結果の因果関係がよくわからない」そんな状況で複数のメンバーとともに戦うプロジェクトにおいては、様々な主観、様々な動機、様々な利害、様々な認識がからみあいます。各自が頭の中に描いているものを、そのまま取り出してこの目で見ることはできません。そこで発生するのが、意思疎通の障害です。ある人にとって手段だと思っていたものが、別の人にとっては目的に見えてしまう。そんなことではいけません。ある人は右に行きたくて、別の人は左を目指している、という状態だと、せっかくそれぞれのエネルギーが高くても、打ち消しあってしまいます。

従来の、WBS至上主義的縦割り型で推進をしようとした場合、もしプロマネが本当に有能でスーパーマンのような人だったらいいですが、なかなかそうもいきません。どうしても目が行き届かずに、図の「BAD」ケースのような状態に陥ってしまいがちです。オーソドックスな、いわゆるプロマネを一生懸命やろうとすればするほど、互いにストレスばかり溜まってしまい、問題を解決する方向ではなくて、責任を問い合ったり、回避しようとしたり、後ろ向きな力が働いてしまいます。これこそまさに、管理という名のコストです。思い通りの結果を出すために立てた計画に、逆に振り回されてしまう悪い状態です。

そうではなく、いま目の前で起きているものごとについて共通の見解を持つことができていて、各自が自律的に課題を発見し、解決できる状況を作ることができたら、どうでしょうか。いま自分たちが、全力をあげて立ち向かうべき対象が、どこにあるのか。それを打開したら、どんな嬉しいことが待っているのか。自分はどんな形でそこに貢献できそうか。個々人の貢献の仕方は必ずしも、華々しいものである必要はありません。自分の内側にある動機が、プロジェクトにおける何かしらの課題に結びつき、その結果、新たな知見やエネルギーが生まれる。小さいことでも構わないので、そんな化学反応を生み出していくこ

図４

✕ BAD

・プロジェクトの全体について考えるのがプロマネだけ
・硬直的な役割分担
・各メンバーは自分の作業だけに注力
・自分の担当だけ果たせば、全体については気にしない
・問題が発生したら責任を問うのが優先、解決は二の次

○ GOOD

・各メンバーが全体の状況を把握しようと努めている
・自身の役割、直近のアクションに取り組んでいる
・状況の変化に応じた柔軟な連携、その結果、隠れた能力の発見
・各個人が、チーム全体を到達地点までたどり着かせようとしている
・不足していることを補い合う姿勢

とがプロジェクトを前進させる力につながります。

このようなチームワークが働いていたら、中央集権的にすべてをコントロールしようとする努力は不要になります。こうしたありかたを実現するために大切なのは、**個人の思考力ではなく、チームの思考力**です。一人ひとりのメンバーの力を統合するためには、それらの力が「どこに向かうのか」がわかること、腹落ちすることが必要になります。

1-7

誰もが理解しやすいプロジェクトの全体図が意思疎通を豊かにする

例えばＩＴプロジェクトというと、さぞかしＩＴリテラシーの高い専門家同士がテキパキと仕事をこなすというイメージがあるかもしれませんが、そうでもありません。技術的な知識に精通していたり、ＰＭＢＯＫ（Project Management Body of Knowledge）のようなマネジメントの専門知識を有する人ばかりが参画するわけではなく、マーケティング部門、セールス部門など、技術系以外の知見も必要ですし、ユーザーやプロジェクトオーナーといったかかわり方をする人は、まったくもってＩＴは専門外であることも珍しくなく、そんな人々とも連携協働する必要があるものです。

世にあるほとんどのプロジェクトも同様です。同質な人同士で構成される組織や空間であれば、特別に言語化をしなくても阿吽の呼吸で意図が通じやすいものですが、いまどきのプロジェクトにおいて、それは望めません。その昔、高度成長期の日本社会においては、ことビジネスの場では、日本人の男性が多数を占める、同質的な社会でした。終身雇用という制度が信じられていて、大企業に入った人は転職なんてもってのほか、こと人材という面に着目すると、非常に安定性の高い環境だったといえるでしょう。

今日においては、国際色豊かな職場は当たり前ですし、性別も年齢も様々、子育て中か、介護中なのか、はたまた独身を貫いていたり、ライフスタイルも様々な背景を持った人同士が、一時的にチームを組んで、何かを達成したら解散する、そんなことが当たり前の世の中です。異なる背景、異なる知識、異なる動機を持ち合わせた人々が、ひとつの方向に向かって力を発揮する必要がある。なおかつ、みんな忙しくて、多くの仕事を兼任しているので、必ずしもフルコミットしてくれることは保証されていない。それが、いまどきのプロジェクトです。

様々な背景、知識、動機を持つバラバラな人たちを組織化し、ひとつの方向に向かう流れを生み出していくためには、小難しくて膨大な資料は、かえって妨げになります。仕事をする前から、あたかもその入力と出力の関係性が自明であるかと思わせるような、WBS的な表現は、適しているとは言いがたいものです。先述したとおりWBSは、「ルーティン的な、実績が多くて先のことが読みやすいプロジェクト」に向いているのであって、不確定要素の大きな、本当に難しいプロジェクトには適しません。もちろん部分的にこうした手法を用いることは必要になりますが、これを補う方法論が必要です。

誰もが読みやすく、理解しやすいプロジェクトの全体図。自分の役割がどこにあって、何をしたら貢献できそうかが一目でわかるもの。次々と発生する想定外の事態に対応ができる、柔軟性を持ったもの。そんな表現によってこそ、理想のチームワークが立ち上がります。どんなふうにしたら、そんな表現ができるの？　と、思われるかもしれません。筆者らの提唱している「プロジェクト譜」（以下、プ譜）こそが、使い勝手が良くて、実際に使えるツールなのです。

1-8

意味のある戦略を考えるために、プロジェクトの「構造」を理解せよ

プ譜の実例に入る前に、本章を締めくくるにあたって、プ譜の由来について少し説明したいと思います。プ譜は軍学、工学、経営学、認知科学等の学問や、将棋に代表されるマインドスポーツにおける知見を参照して考案した、プロジェクト設計ツールです。

なぜ軍学を第一に挙げたのかというと、軍事とは、この世にあるありとあらゆるプロジェクトのなかでも、最も困難なもののひとつであり、多くの試行錯誤に錬磨された体験知の集積があるからです。「彼を知りて己を知れば、百戦して殆うからず」「兵は詭道なり」といった孫子の言葉も有名ですが、相手に対して、想定外となるような施策を繰り出し続けなければ、戦争には勝てません。言うまでもなく、極めて困難な仕事です。やるからには、負けるわけにはいかない。そのために、絶対に勝てる方法を生み出したい。そんな時代の要請にこたえて生まれたのが、孫子に代表される「兵家」と呼ばれる人々でした。すなわ

ち彼らは、人類史上初めて生まれた、プロフェッショナルの「プロジェクト進行支援家」だったわけです。

現代において、私たちはしばしば、戦略的に考えよう、と言います。昨今、事業戦略やマーケティング戦略といったふうに、事業活動と戦略という言葉は深く結びついています。プロジェクトも戦略を持って前に進めていきたいものです。ただこの戦略という言葉には微妙なところがあって、「用意周到に考えを巡らしていて、抜け目ない」という肯定的なニュアンスだけでなく、「現場の実情に対する理解が不足していて、机上の空論である」という否定的な意味合いをもって使われることがあります。実際に、戦略という言葉が、内実としては空虚な用例をなされてしまうことも多くあります。そもそも、戦略とはいかなる要件を満たす命題の集合なのか。そうしたことをショートカットして、それらしいことを語っても、説得力を持ちにくいものです。

ではその言葉の起源を知ろうということで、当の孫子兵法の原文にあたっても、「戦略」という言葉は見つかりません。戦略論の源流とされる著作物にその言葉が含まれないというのは、よく考えてみると不思議な話で、筆者は昔から「戦略」という言葉の語源がどこにあるのか、その意味は何なのかということに興味を持っていて、長年調べてきたのでした。しかし、その由来を語る文章の多くは、「英語ではストラテジーといって……」という英語からの解説で、漢語から紐解く文章がどうしても見当たらない。意味についても、「戦略とは、無駄な戦いを省略することだ」と、それらしい解釈を見かけることがあります。間違ってはいないと思いますが、それは戦略という言葉があらわす内容の一部であって、必要十分条件を満たす訳だとは思えず、不満がありました。探しあぐねた末にたどり着いたのが兵頭二十八氏の『軍学考』でした。

高野長英は「三兵答古知幾（タクチーキ）」という書き方をしていたが、明治四年に新しい陸軍ができてからも、タクティクス、ストラテジー（それぞれ、仏、英、独、ギリシャ、ラテン語読みあり）の訳語は無かった。昔の『軍事史学』誌で読んだ研究によれば、明治十二、三年頃でも「タクチック」「ストラテギー」と読ませる当て字があるのみで、訳語は決まっていなかったという。

私がたまたま見た、明治十三年、戸田雅喬氏編『白露（ペルー）・智利（チリ）両国戦闘記事』は外国語新聞を訳したものだが、タクティクスの訳語として「用兵術」を案出した跡がある。

ようやく明治十四年二月に出版されている参謀本部版、西周編集『五國對照　兵語字書』で、strategyが戦略、tacticsが戦術となっているのが見える。西は山県有朋に近いところにいたから、この頃に確定したとおぼしい。

（中略）

戦略という言葉は明治に入ってから造語されたのにきまっているが、これが戦後、語感が良いせいか、あるいはアメリカの風潮を真似てなのか、あらゆる分野・場面でみだりに用いられるようになった。ほとんど戦略の僭称で、読みながら、「おい、そのどこが、戦略とやらを語っているんだ」とツッコミを入れたくなることが、以前はよくあった。

兵頭二十八（２０００）『軍学考』、中央公論新社

戦略とは、明治時代の近代式の軍隊創設時に考案された訳語だった、ということでした。それ以前の兵学書などには「孫呉の略」といった言葉が見つかりますので、それまでの時代は「略」という一字をもって、いわゆる戦略的思考の概念を表していたのでしょう。ちなみに、類似の例としては「情報」も江戸時代末期に欧米の兵制を取り入れる際に訳出された言葉で、もともとは「敵情の報知」を略したものだったことが知られています。

そして肝心の、言葉の定義ですが、これについてはクラウゼヴィッツの「戦術は戦闘に於ける攻撃力の使用であり、戦略は戦争の最終目的のために戦闘を使用することである」の定義すらも、「戦術と戦略を無理に分けようとすればするほど、話が混雑するばかりだったように見える」と徹底した考察が『軍学考』ではなされています。

プロジェクトにとって戦略とは、いかなる概念なのか。考えてみると、そもそも軍事用語を一般用語に応用しようとしている段階で、無理があるのかもしれません。そうは言ってもあきらめずに、軍学とビジネスが共通する点について考えてみますと、孫子の主張における最大のポイントは、たった五つの要素に分解して相手の国と自国を比較すると、戦う前に勝敗を見定められる、ということにたどり着きます。「道」「天」「地」「将」「法」をまとめ「五事」と呼ぶフレームワークです。対象を適切な概念によって要素分解し、分析結果を統合することで、結論を導く。そのような手続きを経ることで初めて、思いつきや当て推量ではなく、根拠をもって意思決定をすることが可能になります。

ここにあるのは、**目の前にある対象を本質的に、構造的に理解するという思考**です。これを漢字一文字で表現すると**「略」**するということになります。

「略」という漢字の語源は田んぼ、すなわち土地を各々の人に配分するというものだったそうです。つまり、具体的に存在する現実を、寸法や図形といった概念的なものに抽象化する、ということです。個別にある事例のなかで、偶然的なものや些末な情報、誤差に属するものを「省略」し、広く応用可能な要素が何かを抽出していく。そのようにしていくことで、普遍的な勝利の方程式が得られる。そんなモデルを自由自在に応用することで、目標が「攻略」できる。こうして見てくると、「マネジメント」＝「思い通りにする」＝「略」という、英語、大和言葉、漢字の等式が成立することになります。

大切なのは、対象を要素分解する、そのやり方です。情報の圧縮、あるいは抽象化が適切になされるかどうかで、思い通りにマネジメントできるかどうかが全然変わってきます。プロジェクトマネジメントに長けていて、いつも確実に成果を挙げられる人は、きっとその頭のなかで、プロジェクトというものを適切に要素分解して考えているはずです。以上の考察を加味したうえで、現代のプロジェクトマネジメントにおいて、戦略が足りているかどうかの尺度を、筆者は以下のように定義したいと思います。

「あるプロジェクトにおいて思い通りの結果を出そうとするときに、その昔、兵家が戦争というものを適切に要素分解して考えることで勝利を目指したことに倣って、その対象における全体と部分の関係性に着目し、合理的に考えることができているかどうか」

ＰＭＢＯＫを紐解いてみても、ＭＢＡ経営学の教科書にあたっても、「プロジェクトの進め方」というものを要素分解したモデルを見つけることはできませんでした。孫子の「道」「天」「地」「将」「法」も、参考にはなりますが、そのまま私たちのプロジェクトに適用するには、少々想像力と応用力が必要です。だからこそ筆者らは、過去の先人の知恵を参照しつつ、私たちが取り組むプロジェクトに適用可能な要素分解モデルであるプ譜を編み出し、提唱したのです。

詳しくは次章以降に解説しますが、例えばプ譜のなかでは「廟算八要素」という、「人」「予算」「競合」といった、現状における所与の条件を整理する項目を重視しています。なぜこれらが必要なのかというと、現代におけるプロジェクトに想定外の影響を与える発生源がこれらにあるからです。パートナーにあると思っていたスキルがなかった、とか、逆に、思ってもみなかった強みを実は持っていた、進めていくうちに発現した、とか。

自らが置かれた現状を理解することなしに目標を達成することは不可能ですが、かといって現状を完全に見通すことは不可能なものです。だからこそ、簡潔な形でそれを「いかにとらえているか」を表現し、チームの中で認識を揃えなければなりません。「現状をどう捉えているのか」「向かいたい先はどこで、どんな状態になったら成功したといえるのか」「この両者をつなぐ過程とはいかなるものなのか」。プロジェクトの実現過程をできる限りシンプルに、かつ構造的に表現することで、相手が何を考えているのか、また考えていないのかも見えてきます。

プロジェクトとは「実際にやってみて、できたものと当初の期待のギャップを知ることで、初めて、自分たちが何を作りたかったのか、どうやって作ったら良かったのかがわかる」というものです。この遠回りをできる限りショートカットしたければ、シミュレーションするしかありません。無駄な空理空論ではなく、実のある仮想演習。それこそが、プロジェクトという困難な活動が持つ本質的な難しさに対処する方法なのです。

1-9

まとめ　プロジェクト譜こそ、現代における軍師の必携ツール

第1章を終えて、本書の問題提起は以上となります。要約すると、以下のことを述べてきました。

- プロジェクトにおいて、どこにどう働きかけるとどうなるのか、については、やってみる前からはわからない
- つまり、プロジェクトでは、入力と出力の関係が不明確である
- 加えて、集団作業においては進め方についての考え方の共有が困難である
- 結果として、当初の期待と成果物の間にはギャップがあるのが宿命である
- それこそがプロジェクトという活動における困難さの本質である
- 一般的に「プロマネ」と呼ばれているスキルはこれを部分的に解決するが、本質的解決

法ではない

- 雑用や交通整理に追われ、本当に生み出したかった価値にたどり着けないことのなんと多いことか
- そんなプロジェクトを、マネジメント＝思い通りにするという発想はそもそも矛盾している
- 唯一の方法は、プロジェクトというものを適切に要素分解し、理解するモデルを作ること
- 筆者らの提唱するプロジェクト譜こそが、そんな理想の進め方を実現するツールである

第2章以降では、そのプロジェクト譜、通称プ譜を具体的にどのように活用して、どのような課題が解決されたのかの代表例についてご紹介したいと思います。百聞は一見に如かず。まずは事例をご覧いただき、その後、第3章以降で、プ譜の書き方や活用の仕方について、解説していきたいと思います。

第2章

プ譜を書くと、プロジェクトが前に進む

未来は過去の反復ではないにしても、人間性の導くところふたたび過去と相似た過程をたどるのではないか

（トゥキディデス）

2-1

全体像を可視化するプ譜

第1章で、未知や不確実といったプロジェクトの性質と、プロジェクトを進めていくための「よいチーム」のあり方について論じました。そして、そんな性質を持つプロジェクトを、チームで進めていくために、プロジェクト譜（以下、プ譜）が有効なツールになりうることを述べました。

本章では、プ譜について解説していきます。本論に入る前に、プロジェクトの持つ性質とチームのあり方が、ただでさえ難しいプロジェクトの進め方をいっそう複雑に、不利な状況にしてしまい、新しい問題を引き起こしてしまうことをあらためて整理しておきます。

プロジェクトの未知・複雑・不確実といった性質に対しては、正確な情報収集や筋の良い推論を行うことが不可欠です。しかし、どれだけシミュレーションをしたとしても必ず見落としがあります。実際に製造や制作を始めてみてうまくできないことがわかったり、収集した情報によっては機能の追加や見直しなどを行わざるを得ないこともあります。また、競合他社の参入や新しい技術の登場にも影響を受けます。当初立てたプランの変更・修正は当たり前のことと認識しなければなりません。

そうした性質を持つプロジェクトに臨むチームのあり方はどうあるべきでしょうか？メンバーの解釈やイメージがバラバラ。それぞれの利害や思惑が調整できない。どのようにプロジェクトを進めればいいかという全体像がない。共有されていない。自分が何をすればいいのかよくわからない。何かを実行しようにもなかなか上司の承認が下りない。こんなチームが未知で、複雑で、不確実で、不安定なプロジェクトを進めていけるはずがありません。

このようなプロジェクトが進まない様々な問題に対して、プ譜がどのように効果的なのかについて、実例を通じて紹介していきます。それではまず、プ譜がどのようなツールなのかを解説します。

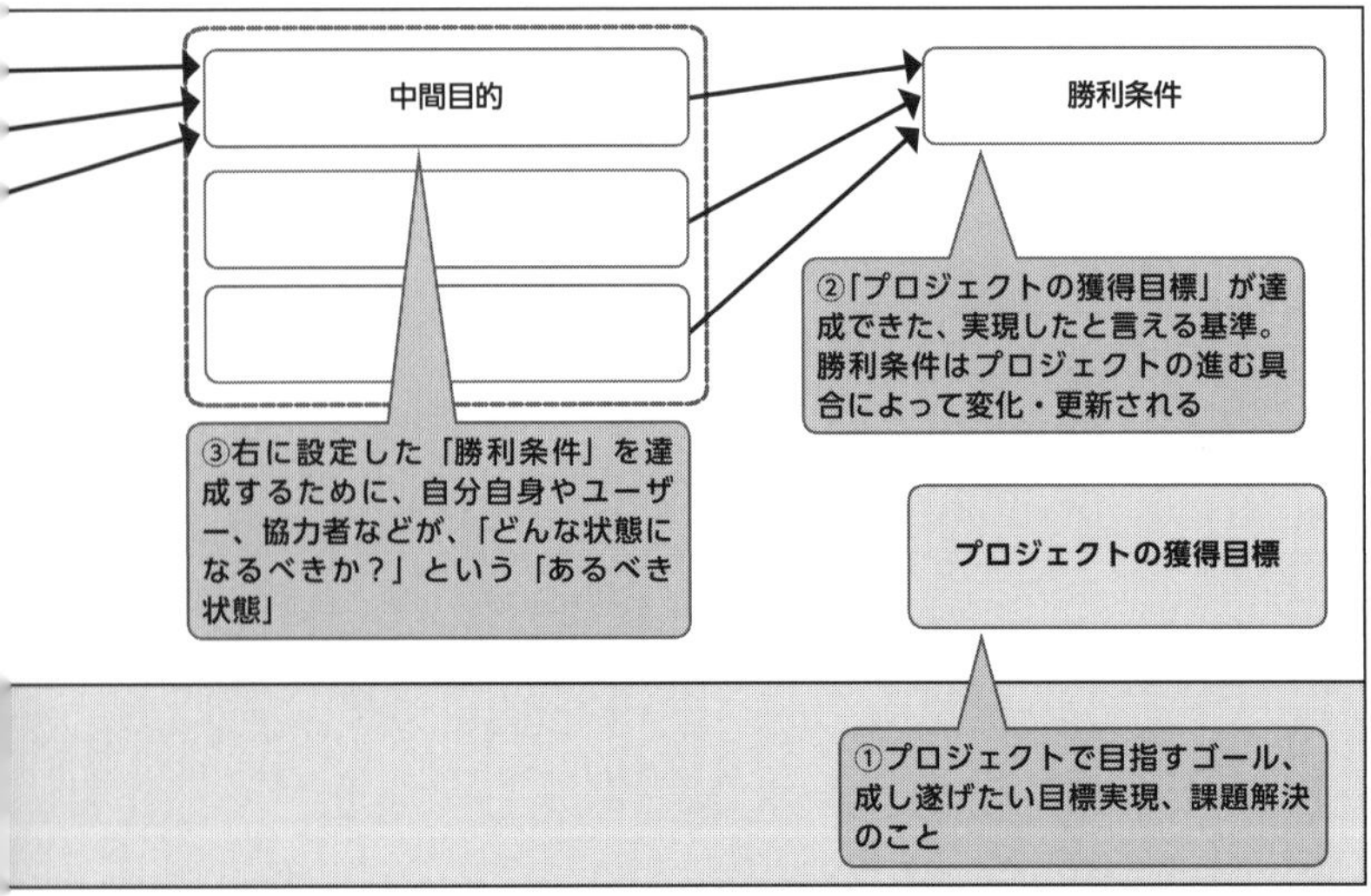
中間目的
勝利条件
②「プロジェクトの獲得目標」が達成できた、実現したと言える基準。勝利条件はプロジェクトの進む具合によって変化・更新される
③右に設定した「勝利条件」を達成するために、自分自身やユーザー、協力者などが、「どんな状態になるべきか？」という「あるべき状態」
プロジェクトの獲得目標
①プロジェクトで目指すゴール、成し遂げたい目標実現、課題解決のこと

プ譜とは、時系列的な遷移も含めたプロジェクトの全体像を可視化するための記述方式です。

記述要素は、プロジェクトの「獲得目標」「勝利条件」「中間目的」「施策」「廟算八要素」から成ります。この五つの要素を分類すると、以下のようになります。

- 未来にこうありたい、ゴールとしての姿（獲得目標、勝利条件）
- いまある現在の姿（廟算八要素）
- 両者をつなぐ中間の過程（中間目的、施策）

プロジェクトの目標が「獲得目標」で、その目標がどうなったら成功と言えるかという判断基準が「勝利条件」。その目標を目指す

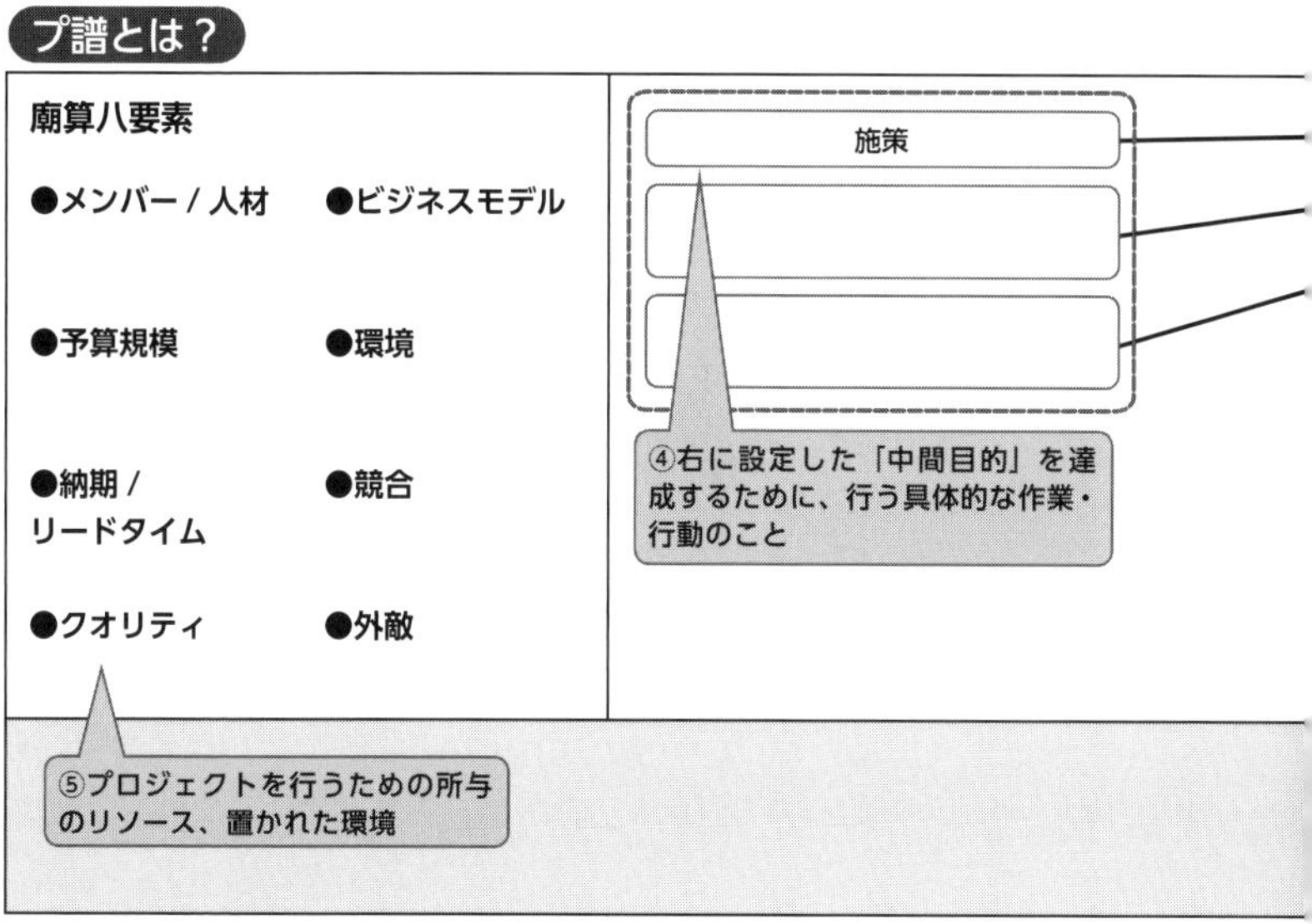

プロジェクトチームに与えられている所与のリソースや置かれている環境が「廟算八要素」。製品の機能やサービスの仕様、チームのスキルやオペレーションなどがどうなっていたら目標を実現できるかという〝あるべき状態〟が「中間目的」。その中間目的を実現するための具体的な行動が「施策」です（各要素の詳しい説明は第3章でおこないます）。

これらの関係性を1枚のシートで記述し、プロジェクトの局面ごとに更新していくのがプ譜の特徴です。更新は上書き・追記という意味ではなく、プロジェクトに起きた変化や対応した内容を将棋の局面図のように1局面1シートにするということです。

プ譜をプロジェクトで行動を起こす最初に書けばプロジェクトの「仮説」になり、プロジェクトの進行中に書いていけば、自分たちの行動のプロセスを振り返る「記録」になります。

プロジェクトの未知・不確実性に対し、まずは暫定的な仮説を立てる。それをチームメンバーで共有する。そして新たに遭遇した事象や獲得した情報など、変化する状況とそれへの対応を記録する。プ譜をこのように使用することによって、プロジェクトを進めるなかで発生・遭遇する諸問題をうまく解決することができるようになるのです。

2-2
プロジェクトの問題別プ譜の書き方

ここからは、プロジェクトの性質とチームのあり方が引き起こす問題に対して、プ譜が実際にどのように機能したかという事例を紹介していきます。ここで紹介するのは、2018年に前著を刊行して以来、約二年の間にプ譜のワークショップやコンサルティング活動を通じて支援・収集してきた実事例です（今なお進行中のプロジェクトもあるため、社名などの公表は控えます）。

プロジェクトの内容やチームのあり方によって思い当たる問題はそれぞれ異なるため、読者のみなさんが関心のある問題から読み進められるように、問題の種類から記載します。

(1) 進め方の全体像が見えていない

事例：販売ロスを減らすため全店でオペレーション改革。キックオフミーティングで各店長が集まるも、結局どんなオペレーションを実現すれば改革成功なのか全体像が見えていない。

(2) 未知・状況の変化への対応方針がない

事例：IoT製品のプロトタイプを開発。当初の計画で見落としていた事象に遭遇し、判断に迷う。

(3) どこまでやれば次に進んでOKか？の基準が設定されていない

事例：社内新規事業としてwebサービスを開発。プロジェクトを進めても上司の承認が下りない。

(4) ステークホルダーが非協力的

事例：新素材を使った事業立ち上げ。キーパーソンとなる他部門スタッフからなぜか協力が得られない。

(5) 顧客の要望がふわっとしていてまとまらない

事例：やりたいことが色々あって、制約も多く、現場担当者も支離滅裂。何を提案すればいいかが決まらない。

(6) 上司の思いつきを忖度してプロジェクトが一向に始まらない

事例：計画書を書いては、「なんかちがうんだよなぁ」と突き返され、計画段階でコミュニケーションコストを垂れ流す。

(7) 各部門が利害を主張して合意できない

事例：長年続いてきたブランドのリブランディングプロジェクト。部署横断型のプロジェクトチームが組織されるも、チーム成功の基準が一致しておらず、反発が起きる。

では、個々の事例を具体的に見ていきましょう。

(1)「進め方の全体像が見えていない」ときのプ譜事例

あるアパレルブランドがブラックフライデーという大型セールに向けて、既存の店舗オペレーションの改革を行うというプロジェクトの事例です。

アパレルショップのバックヤードでは、商品の納品、検品、仕分け、在庫整理、ピッキング（バックヤードにあるストックから、指定された商品を取り出す作業）、商品陳列、値札付けといった作業が行われています。バックヤードには商品が大量にストックしてあり、普段からサイズ別、色別に仕分けたり、トップスやボトムスといったカテゴリー別に整理したりしています。また、売れ筋商品はすぐに店頭に出せるよう、店舗に出しやすい場所に置いておくといった工夫もします。

セール期間中になると商品点数が増えるだけでなく、値札の付け替え、シール貼りといった作業も増えるため、バックヤードのオペレーションは乱れやすくなります。さらに昨今の採用難で、週5日シフトに入ることができるスタッフが少なく、週1〜2回、それも短時間しか入れないスタッフもいることから、これまでのオペレーションを抜本的に見直す必要がありました。

そこで、スーパーバイザーの呼びかけに応じ、店長が集まってブラックフライデーを乗り切るためのバックヤードオペレーション改革ミーティングを行うことになりました。筆者はこのミーティングに、参加者の店長の意見や考えをファシリテートし、バックヤードオペレーション改革プロジェクトを、どう進めるかというプ譜を制作するために参加しました。

このミーティングでは、10名の店長が各地から集まっていました。ミーティングの時間は限られているため、まず一組のグループを二つ作り、両グループでプ譜を制作しました。プロジェクトのゴールとなる「獲得目標」は、グループで共通の「ブラックフライデーの販売ロスを減らし、売上を最大化する」としました。

獲得目標を定めたら、それがどうなったら成功と言えるかという評価指標・判断基準となる「勝利条件」を定めなければなりません。獲得目標は両グループ共通としましたが、勝利条件はグループごとに考えることにしました。出てきた勝利条件の違いを紹介しましょう。

A．バックヤードが今日入ったスタッフでも探しやすい状態になっている
B．稼働時間が少ないスタッフにも理解ができるバックヤードの環境ができている

このように勝利条件の表現が異なると、勝利条件を実現するための〝あるべき状態〟となる「中間目的」の表現が変わり、それに伴い、中間目的を実現するための「施策」も変わります。

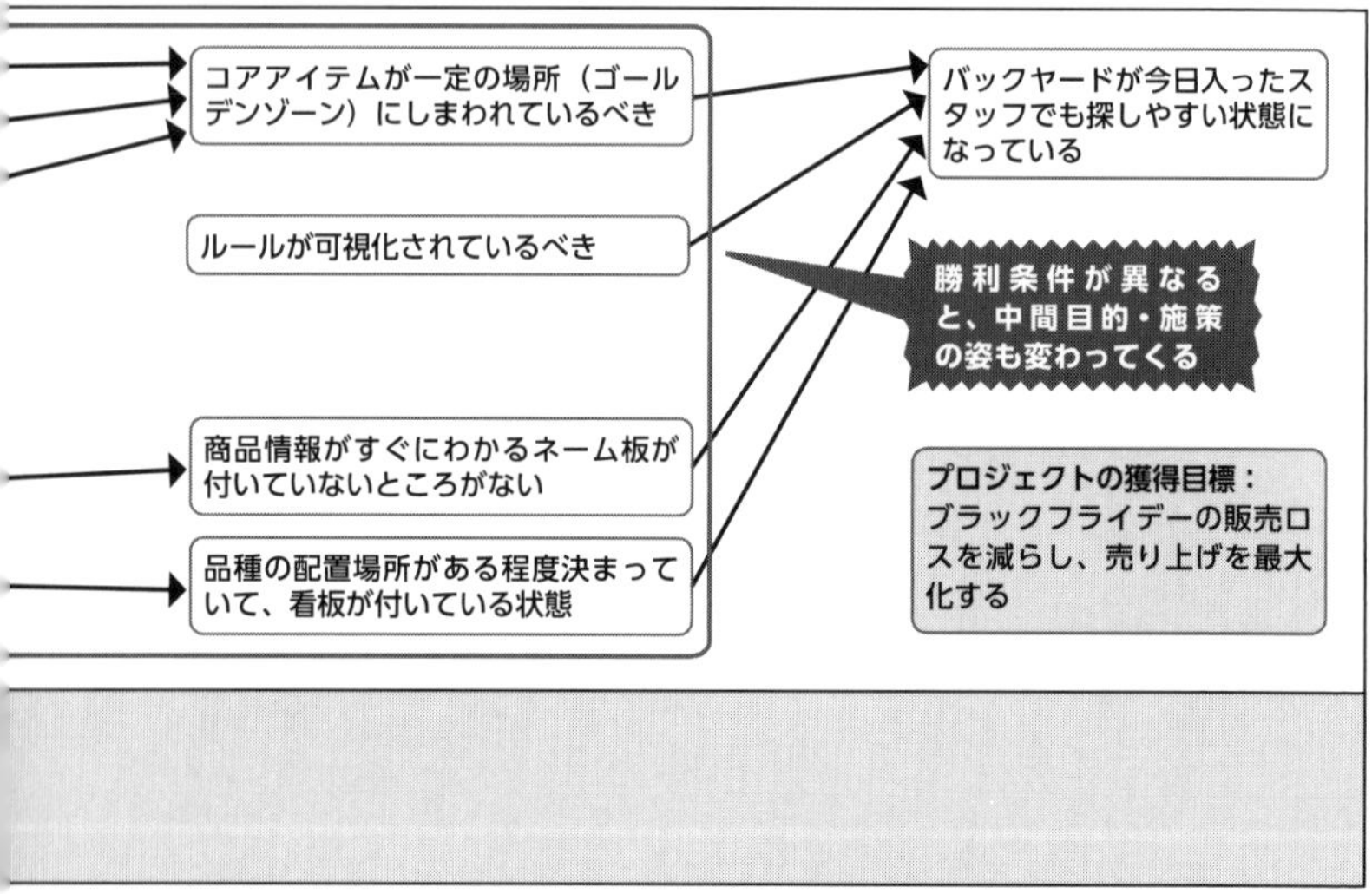

コアアイテムが一定の場所（ゴールデンゾーン）にしまわれているべき
ルールが可視化されているべき
商品情報がすぐにわかるネーム板が付いていないところがない
品種の配置場所がある程度決まっていて、看板が付いている状態
バックヤードが今日入ったスタッフでも探しやすい状態になっている
勝利条件が異なると、中間目的・施策の姿も変わってくる
プロジェクトの獲得目標：ブラックフライデーの販売ロスを減らし、売り上げを最大化する

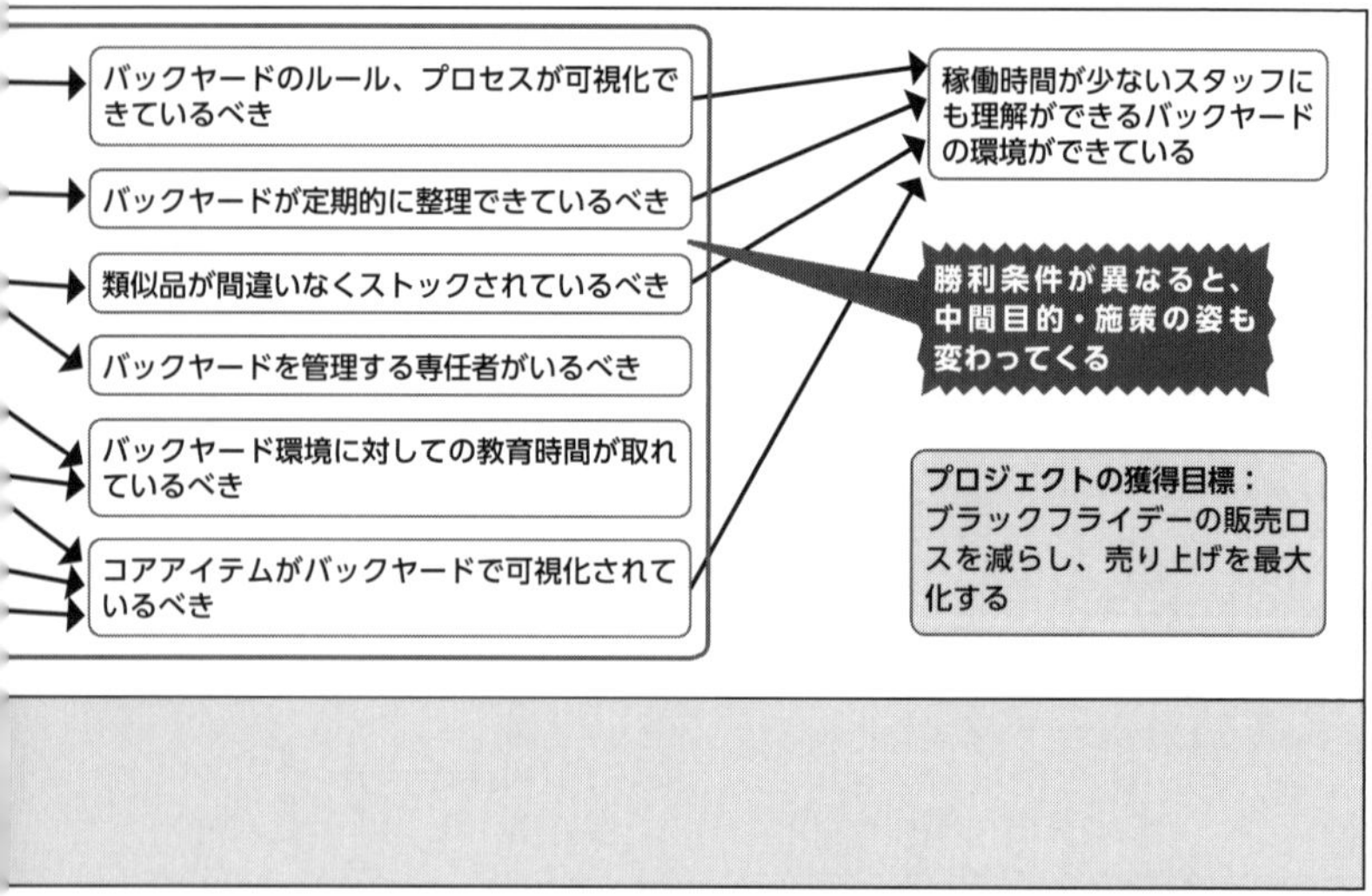

バックヤードのルール、プロセスが可視化できているべき
バックヤードが定期的に整理できているべき
類似品が間違いなくストックされているべき
バックヤードを管理する専任者がいるべき
バックヤード環境に対しての教育時間が取れているべき
コアアイテムがバックヤードで可視化されているべき
稼働時間が少ないスタッフにも理解ができるバックヤードの環境ができている
勝利条件が異なると、中間目的・施策の姿も変わってくる
プロジェクトの獲得目標：ブラックフライデーの販売ロスを減らし、売り上げを最大化する

チーム A のプ譜

廟算八要素

●メンバー / 人材
・店長
・スタッフ
・スーパーバイザー

●予算規模
非公開

●納期 / リードタイム
・ブラックフライデー（11 月末）

●クオリティ
非公開

●ビジネスモデル
非公開

●環境
・販売スタッフの採用難
・週に1回しか入れないアルバイト多し

●競合

●外敵

- コアアイテムを明確にする
- ミーティングでコアアイテムを全員に共有する
- コアアイテムとわかる見出しをつける

※コアアイテムとは、いま最も売りたい商品のこと

- ネーム板を発注する
- レイアウトマップを考える

チーム B のプ譜

廟算八要素

●メンバー / 人材
・店長
・スタッフ
・スーパーバイザー

●予算規模
非公開

●納期 / リードタイム
・ブラックフライデー（11 月末）

●クオリティ
非公開

●ビジネスモデル
非公開

●環境
・販売スタッフの採用難
・週に1回しか入れないアルバイト多し

●競合

●外敵

- 支店のショップサポーターマニュアルをもらう
- スケジューリングに組み込む
- 注意シールをつくる
- トレーナーを育成する
- 全スタッフに共有する
- コアアイテムだとわかるシールを作る

こうして比較してみると、勝利条件の表現次第で、プロジェクトの進め方がガラリと変わることがわかります。

プロジェクトの目標は与えられても、それがどうなったら成功と言えるかという評価指標や判断基準を、プロジェクトを与えられた側が自ら設定することはあまりありません。また「こういうことが問題だから改善してほしい」という指示は与えられても、具体的にどのように実現すれば成功できるかという方法は、プロジェクトの内容に未知性が多ければ多いほど、与えられることはありません。目標を与える側の人もどんな方法を採用し、どんな手順で進めれば成功できるかという確かなプランは持っていないのです。プロジェクトを与えられたら、最初に行うべきことは「勝利条件の設定」なのです。

勝利条件は、プロジェクトにかかわる人々の価値観や経験が色濃く反映されます。今回のミーティングで出てきたオペレーションのスムーズさを重視する勝利条件と、稼働時間の少ないスタッフでも対応できることを重視する勝利条件では、それぞれの店長の成功・失敗体験が影響して、重要視するところが異なっています。

プロジェクトの進め方のイメージがメンバーごとに異なっていては、プロジェクトが停滞・炎上することは明らかですが、プロジェクトが開始する前に、こうした異なる勝利条件が出ることは歓迎すべきことです。異なる勝利条件とそれを実現するプランが出るということは、自分たちの視野が広がり、見落としを減らしていくことができるからです。

ミーティングでは、各チームが書いたプ譜を壁に貼り出し、互いのプ譜を眺めながら、筆者のファシリテートのもと、全店長が「これならやれる」と腹落ちできる共通のプ譜を作っていきました。

互いのプ譜を眺めていくと、「そんな便利な洋服整理用の道具があるなんて知らなかった」といった、店長ごとに有している情報に違いがあることが明らかになりました。「それはやく言ってよ〜」という情報の非共有の経験は誰しもあるのではないでしょうか。

プ譜を書くメリットは情報共有だけではありません。共通の目標に向かって進むために、他者のために考えることも促します。例えば、勝利条件を実現するための〝あるべき状態〟となる「中間目的」を実現するにあたり、店舗ごとに所与のリソース（スタッフの能力や経験など）や条件は微妙に異なります。中間目的の実現が容易な店舗もあれば、難しい店舗もある。そんな中、既にそうした状態を実現する工夫をしている店長からは、自身の経験を踏まえた工夫のアイデアが出ていました。

こうしたプロセスを経てできあがったのが、こちらのプ譜です。

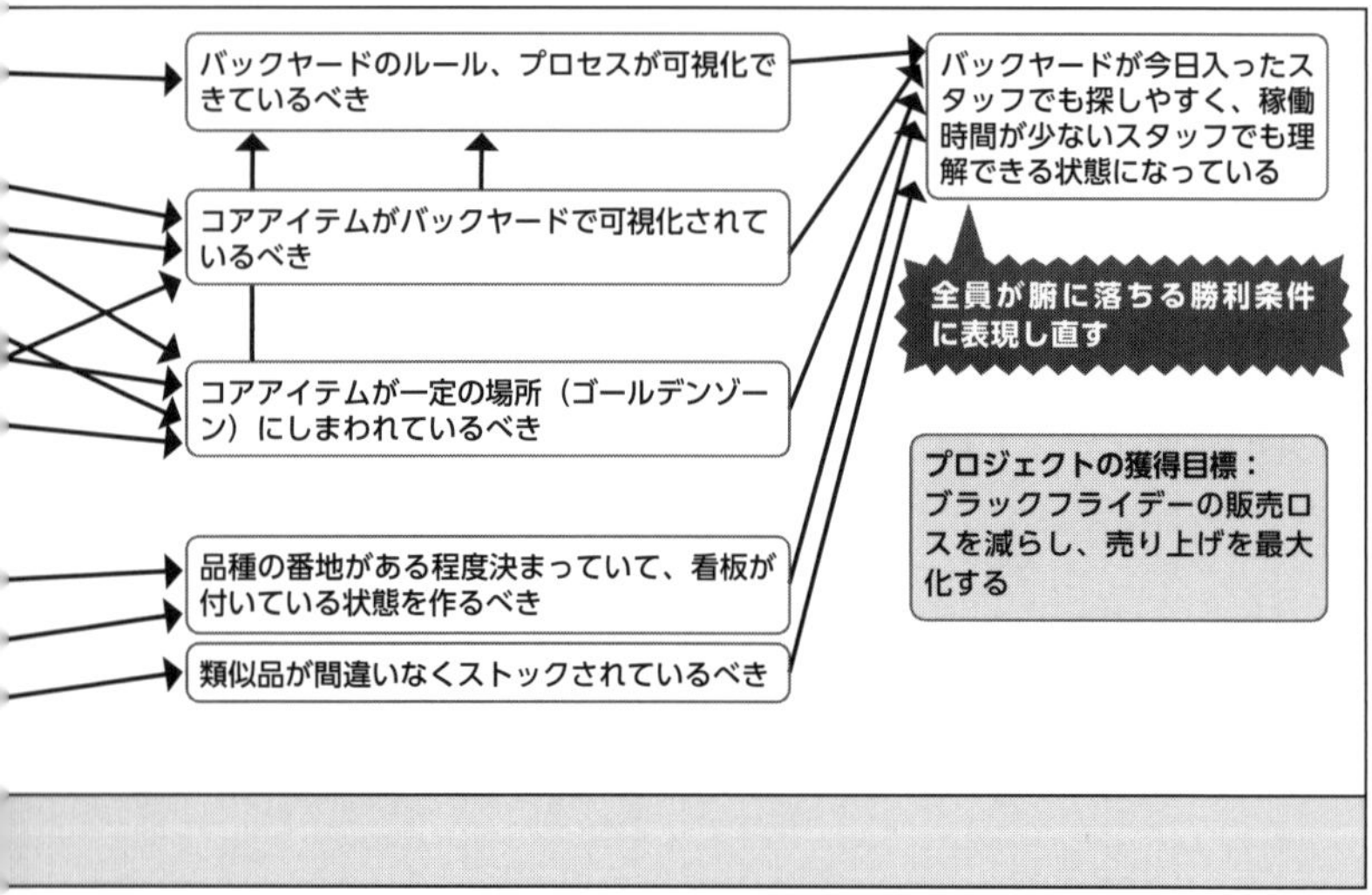

バックヤードのルール、プロセスが可視化できているべき
コアアイテムがバックヤードで可視化されているべき
コアアイテムが一定の場所（ゴールデンゾーン）にしまわれているべき
品種の番地がある程度決まっていて、看板が付いている状態を作るべき
類似品が間違いなくストックされているべき
バックヤードが今日入ったスタッフでも探しやすく、稼働時間が少ないスタッフでも理解できる状態になっている
全員が腑に落ちる勝利条件に表現し直す
プロジェクトの獲得目標：ブラックフライデーの販売ロスを減らし、売り上げを最大化する

ここまで見てきた一連の作業を通じて、店舗の規模、採用しているスタッフの人数や質はそれぞれ違えど、全体的な目標を達成するための進め方について、参加した全店長が合意することができました。また、勝利条件や中間目的（あるべき状態）といった指針は共通で示しつつ、具体的な施策（行動）については、各店舗の状況に応じて実施して良いということも合意しました。

プ譜をみんなで書き、統一の共通認識をつくるミーティングを体験した店長からは、「やることがハッキリした」「これまでの会議と違って、ミーティングの着地点がちゃんとあった」「他のお店の工夫を知ることができて良かった」といった感想がありました。

このプ譜は、後日スーパーバイザーから各

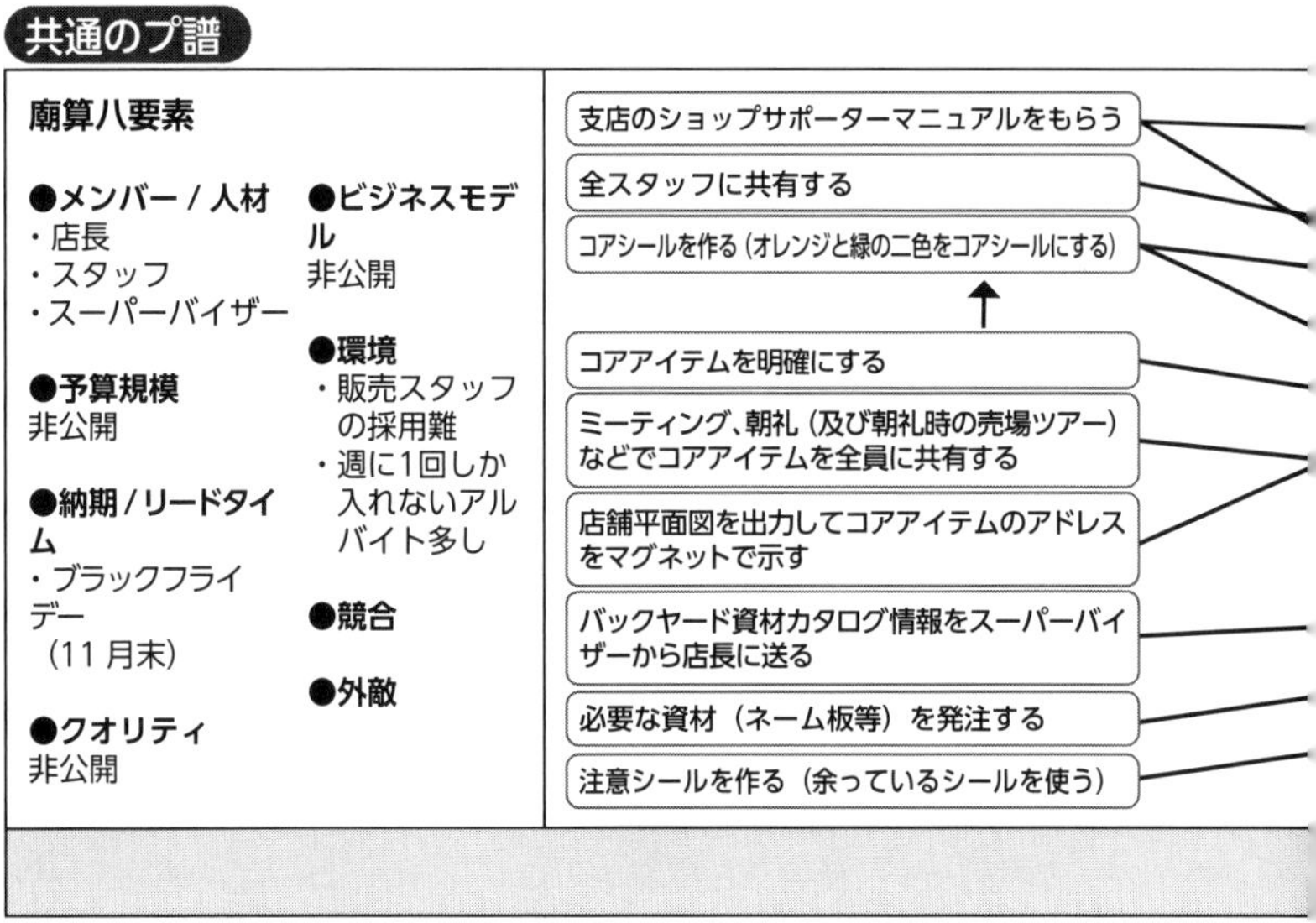
共通のプ譜
廟算八要素
●メンバー / 人材
・店長
・スタッフ
・スーパーバイザー
●予算規模
非公開
●納期 / リードタイム
・ブラックフライデー
（11 月末）
●クオリティ
非公開
●ビジネスモデル
非公開
●環境
・販売スタッフの採用難
・週に1回しか入れないアルバイト多し
●競合
●外敵
支店のショップサポーターマニュアルをもらう
全スタッフに共有する
コアシールを作る（オレンジと緑の二色をコアシールにする）
コアアイテムを明確にする
ミーティング、朝礼（及び朝礼時の売場ツアー）などでコアアイテムを全員に共有する
店舗平面図を出力してコアアイテムのアドレスをマグネットで示す
バックヤード資材カタログ情報をスーパーバイザーから店長に送る
必要な資材（ネーム板等）を発注する
注意シールを作る（余っているシールを使う）

店舗に送られました。筆者は実際にブラックフライデー期間中に店舗を訪問したのですが、プ譜はプリントアウトしてバックヤードに貼り出され、店長はもちろん、各スタッフにも共有されていました。

　未知で不確実性の高いプロジェクトを進めていく上で、多様な経験や情報を出しあい、共通認識をつくること。そして、それをプロジェクトメンバーに共有していくことに、プ譜が役立つ一例です。

（2）「未知・状況の変化への対応方針がない」ときのプ譜事例

この事例は、筆者が現在開発中の親子向けIoTカメラのプロトタイプ開発プロジェクトです。プロトタイプという言葉を使っていますが、「原理試作」「PoC（Proof of Concept：概念実証）」「MVP（Minimum Viable Product：実用最小限の製品）開発」を行っている方にとっても参考にしていただける事例です。このカメラ開発プロジェクトの経緯についてすこし説明しましょう。

子どもは3～4歳頃から、様々な物事に対して、「なんで？」と親に聞くようになります。


「なんで、果物は中側が甘いんだろう？」

「なんで、L、2L、3Lの次はXLなの？」

「なんで、カレンダーにはゼロがないの？」

「なんで、おおきなお皿に、ちいさな料理しかのせないの？」

「なんで、おうちのシャッターは横にあけるのに、じいじとばあばの家のシャッターは縦にあけるの？」

　こうした「なんで？」は、科学的に解明されているものもあれば、答えようのないもの、疑問に思うことすらなかったものもあります。子どもからの問いかけは、「そういう見方があるのか！」と気づかされるだけでなく、自分の固定概念やモノの見方を揺さぶったり、新しいものごとを考えるキッカケになったりもします。筆者には娘が２人いますが、「なんで？」をなるだけ集めるため、彼女たちの傍らにいる限り「なんで？」を発した対象をスマホで撮影し、自分にメールで送るということをしてきました。しかし、娘たちが感じる「なんで？」はもっと多いはずです。そこで、子どもが「なんで？」と感じたとき、親がいなくても子ども自身が撮影できる、「なんで？カメラ」を作りたいと思い立ったのです。

「なんで？カメラ」のプロトタイプを製造するにあたって最初に書いたのが次頁のプ譜になります。

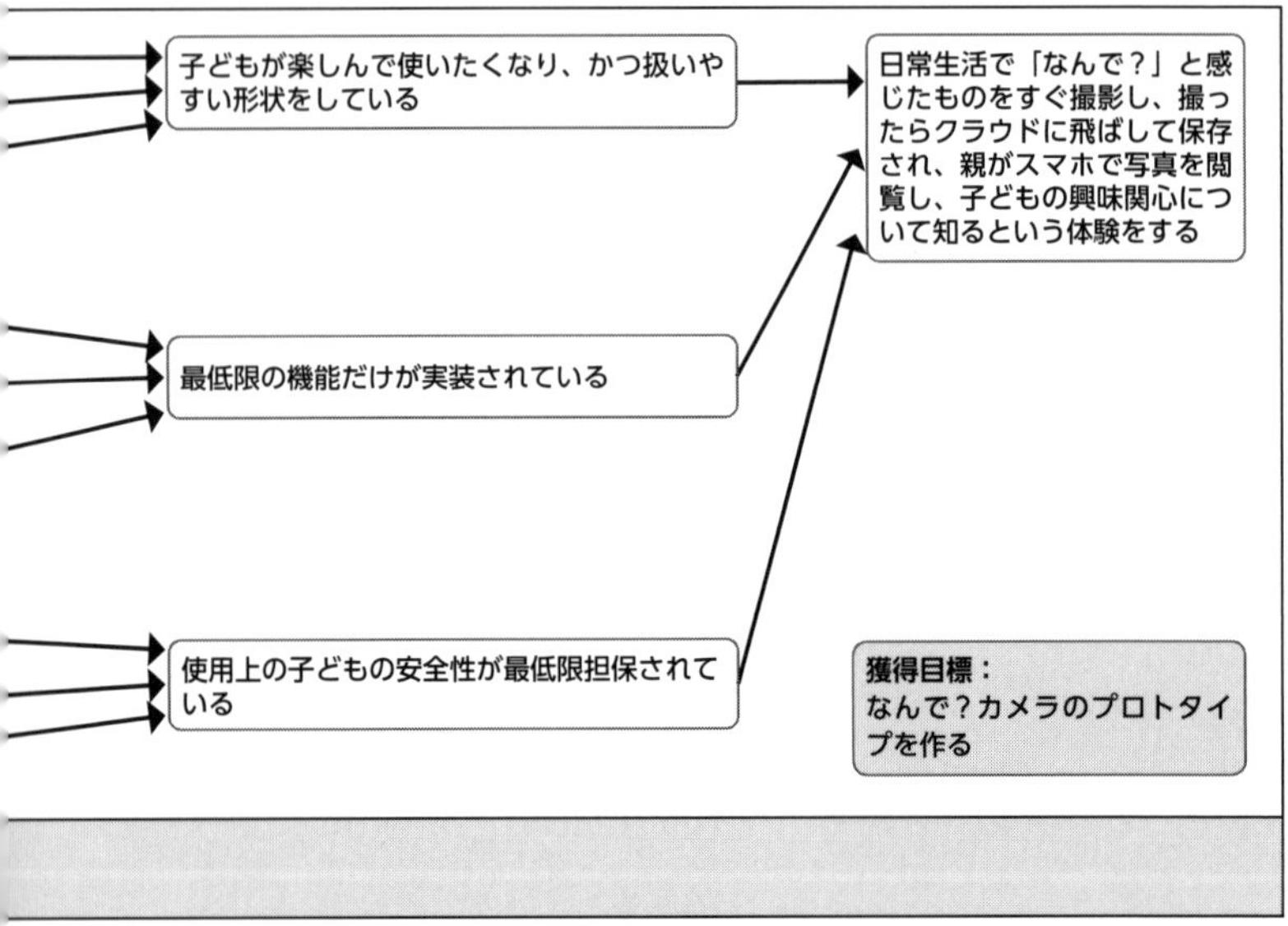
子どもが楽しんで使いたくなり、かつ扱いやすい形状をしている
最低限の機能だけが実装されている
使用上の子どもの安全性が最低限担保されている
日常生活で「なんで？」と感じたものをすぐ撮影し、撮ったらクラウドに飛ばして保存され、親がスマホで写真を閲覧し、子どもの興味関心について知るという体験をする
獲得目標：
なんで？カメラのプロトタイプを作る

筆者はカメラ開発に関してはズブの素人で、一切の経験と知識がありません。プライベートでもスマホを使うのみで、カメラを手にしたことはこの十数年まったくありませんでした。そこで、伝手を頼ったり、セミナー等で知り合った方に呼びかけたりして、プロジェクトメンバーを募りました。メンバーには、富士通で金融向け機器の構造設計をしていた出水宏治さん、DMM.make AKIBAの日野圭さんに加わっていただき、それぞれカメラの設計・デザインと、部材の調達・製造を担っていただきました。

勝利条件は、「なんで？と感じたものをすぐに撮影し、撮ったらクラウドに飛ばして保存され、親がスマホで写真を見る」です。なんで？カメラを製造販売するという考えはな

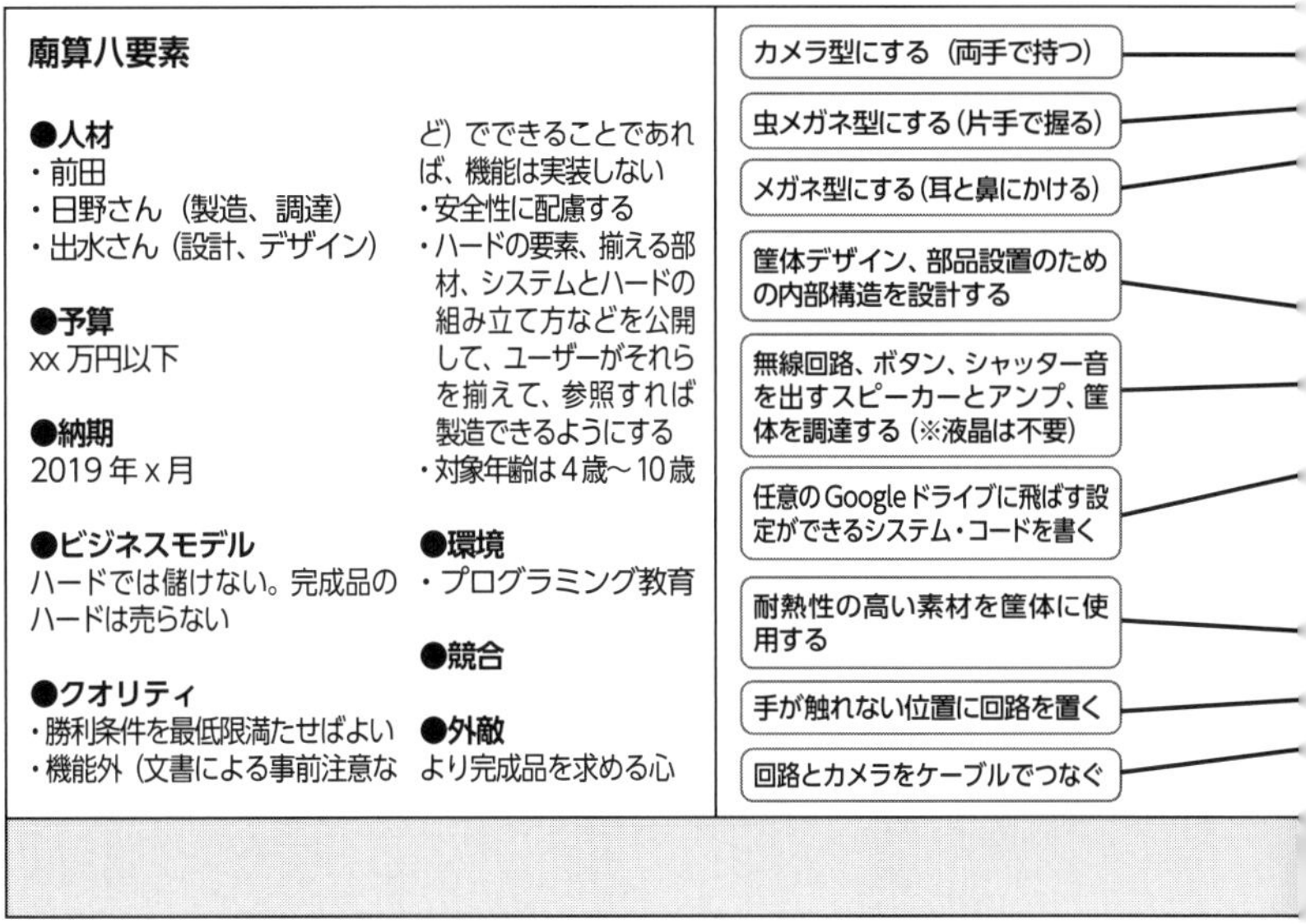
廟算八要素
●人材
・前田
・日野さん（製造、調達）
・出水さん（設計、デザイン）
●予算
xx 万円以下
●納期
2019 年 x 月
●ビジネスモデル
ハードでは儲けない。完成品のハードは売らない
●クオリティ
・勝利条件を最低限満たせばよい
・機能外（文書による事前注意などでできることであれば、機能は実装しない
・安全性に配慮する
・ハードの要素、揃える部材、システムとハードの組み立て方などを公開して、ユーザーがそれらを揃えて、参照すれば製造できるようにする
・対象年齢は 4 歳～ 10 歳
●環境
・プログラミング教育
●競合
●外敵
より完成品を求める心
カメラ型にする（両手で持つ）
虫メガネ型にする（片手で握る）
メガネ型にする（耳と鼻にかける）
筐体デザイン、部品設置のための内部構造を設計する
無線回路、ボタン、シャッター音を出すスピーカーとアンプ、筐体を調達する（※液晶は不要）
任意の Google ドライブに飛ばす設定ができるシステム・コードを書く
耐熱性の高い素材を筐体に使用する
手が触れない位置に回路を置く
回路とカメラをケーブルでつなぐ

かったため、最低限プロトタイプとして、プロダクトを手にしてできる体験を再現できれば良いと考えました。

勝利条件を実現するために設定した中間目的は、「デザイン」「機能」「安全」の三種類です。カメラの経験はなくともモノづくり経験豊かなメンバーがいてくれるおかげで、中間目的が大枠の指針となり、デザインの選定、安全性の担保などがコンフリクトせず、難しい意思決定をあまり迫られずプロジェクトは進行していました。

そうして「あぁ、このプロジェクトは楽だなぁ、楽しいなぁ」と呑気にかまえていたところに、当初の想定とは異なる事象に遭遇します。問題の性質を抽象的に書くとこのようになります。

「Aという方法を採用しようとしていたが、その方法を調べようとしたところ、Bという方法も実現できるということがわかった。さぁどうする？」

具体的に書くと、こうです。なんで？カメラは撮影したデータをクラウドに飛ばすため、Wi-Fiにつなぐという行為をユーザーに求めます。この行為を実行するにあたって、当初は以下の方法を予定していました。

A：

1．スイッチを押してカメラを起動する
2．対象物を撮影する
3．Wi-Fiボタンを押してデータを飛ばす

ところが、方法の検討中に、起動用のスイッチを設けなくても、Wi-Fiボタンを押すことで、カメラを起動できることがわかります。

B：
1．Wi-Fiボタンを押してカメラを起動する
2．対象物を撮影する
3．Wi-Fiボタンを押してデータを飛ばす

AとBの違いは、「カメラ起動用のボタンを残すか、なくすか」にあります。読者のみなさんはこの状況に対して、どのような意思決定を行うでしょうか。

起動用ボタンをなくすことによるデザインの変更は必要ないか？ 起動ボタンがあればオン・オフがわかりやすいが、Ｗｉ-Ｆｉボタンひとつにまとめてしまうことで、それがわかりにくくなってしまわないか？ など、検討すべきことが色々と出てきます。こうした意思決定によって受ける影響、起こる変化を細かく見ていくと、なかなか決定することができなくなってしまいます。

意思決定を行うには、決めるための基準が必要です。この事象に遭遇するまで、「デザイン」「機能」「安全」の三種類の中間目的を設定し、それぞれにデザインを選定するための〝あるべき状態〟があったため、スムーズな意思決定ができましたが、この事象については意思決定を行うに足る中間目的が存在しなかったのです。

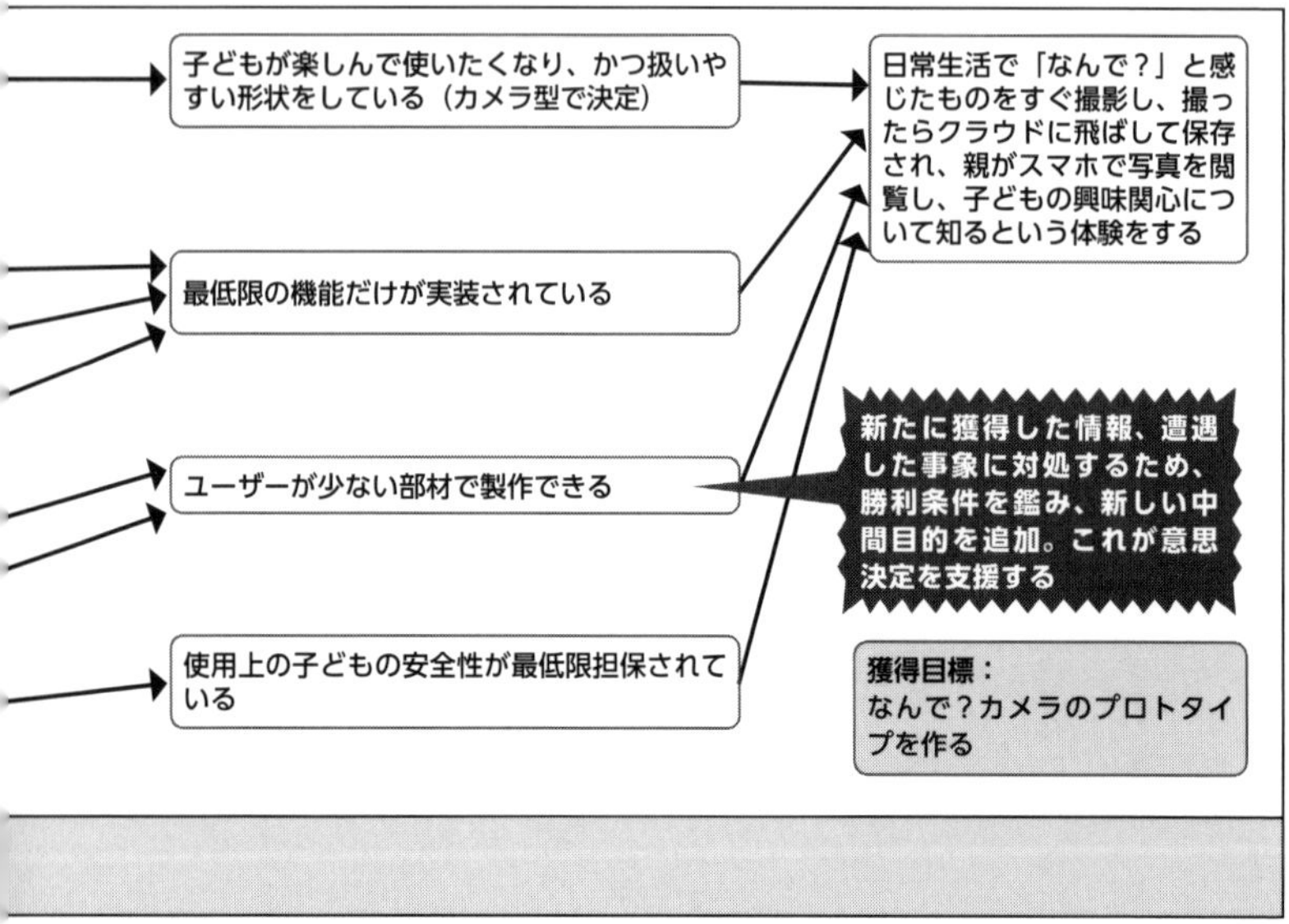
子どもが楽しんで使いたくなり、かつ扱いやすい形状をしている（カメラ型で決定）
最低限の機能だけが実装されている
ユーザーが少ない部材で製作できる
使用上の子どもの安全性が最低限担保されている
日常生活で「なんで？」と感じたものをすぐ撮影し、撮ったらクラウドに飛ばして保存され、親がスマホで写真を閲覧し、子どもの興味関心について知るという体験をする
新たに獲得した情報、遭遇した事象に対処するため、勝利条件を鑑み、新しい中間目的を追加。これが意思決定を支援する
獲得目標：
なんで？カメラのプロトタイプを作る

そこで、私たちはこの意思決定をするために、新しい中間目的を追加しました。勝利条件や廟算八要素を見渡し、廟算八要素の「クオリティ」にある〝ユーザーが製造できるようにする〟に着目。「ユーザーが少ない部材で制作できている（べき）」という中間目的を設定しました。

中間目的を明示すると、各論に入りこんでしまう前に、上述のAとBのどちらかが〝あるべき状態〟かを決定しやすくなることがおわかりいただけるでしょうか。ＰｏＣであれば、実現したいサービスの姿が明確でなければなりません。そして、その姿になるための検証項目や評価基準を適切に定義する必要があります。今回の事例は新たに中間目的を設

廟算八要素

●メンバー / 人材
・前田
・日野さん（製造、調達）
・出水さん（設計、デザイン）

●予算
xx 万円以下

●納期
2019 年 x 月

●ビジネスモデル
ハードでは儲けない。完成品のハードは売らない

●クオリティ
・勝利条件を最低限満たせばよい
・機能外（文書による事前注意など）でできることであれば、機能は実装しない
・安全性に配慮する
・ハードの要素、揃える部材、システムとハードの組み立て方などを公開して、ユーザーがそれらを揃えて、参照すれば製造できるようにする
・対象年齢は 4 歳～ 10 歳

●環境
・プログラミング教育

●競合

●外敵
より完成品を求める心

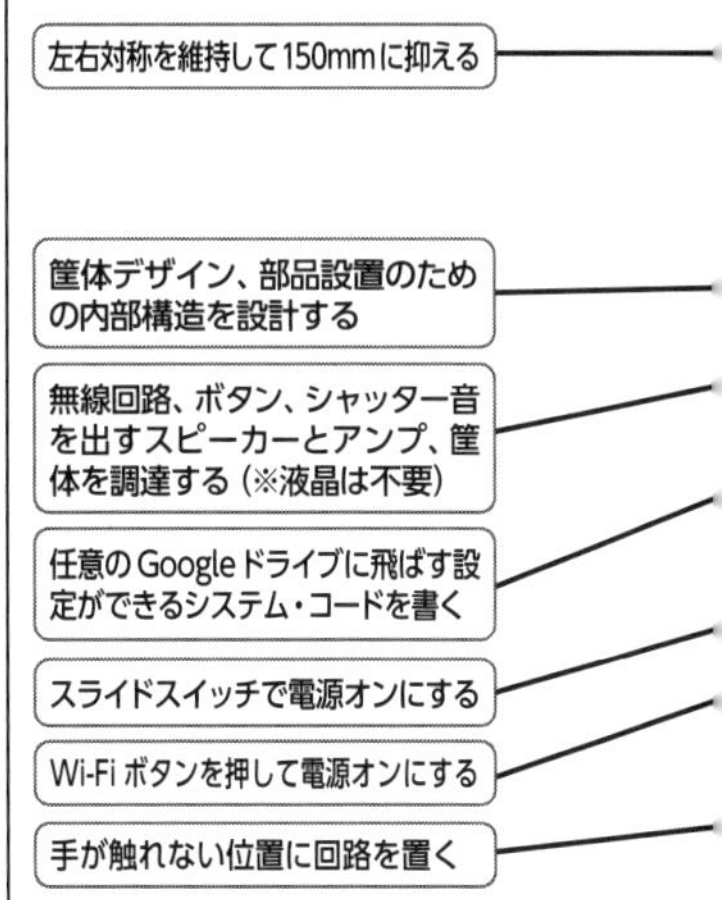
左右対称を維持して150mmに抑える
筐体デザイン、部品設置のための内部構造を設計する
無線回路、ボタン、シャッター音を出すスピーカーとアンプ、筐体を調達する（※液晶は不要）
任意のGoogleドライブに飛ばす設定ができるシステム・コードを書く
スライドスイッチで電源オンにする
Wi-Fi ボタンを押して電源オンにする
手が触れない位置に回路を置く

定しましたが、プロジェクトを始めてから、見落としていた事象に遭遇し、意思決定を迫られる場合、中間目的に立ち返ることで、速く、適切な意思決定を助けてくれます。中間目的はこうした検証項目や評価基準にもなるのです。

未知なるプロジェクトでは最初からすべての〝あるべき状態〟を見通すことはできません。プロジェクトを進める過程で得た情報や遭遇した事象に応じ、中間目的を追加・変更することで、プロジェクトを進める意思決定のスピードを早めることができるのです。

（3）「どこまでやれば次に進んでOKか？の基準が設定されていない」ときのプ譜事例

次の事例はwebサービスです。あるインターネット広告会社が、新規事業として自社サービスを持とうと、サブスクリプション型のOKR（目標設定・管理）システムを起案しました。このプロジェクトを任されたマネージャーは、「リーンスタートアップで、MVPを作って進めていく」ことを上司と部下に伝えます。このプロジェクトの事例を紹介するために、すこし言葉の説明をしておきましょう。

リーンスタートアップは、アメリカの起業家エリック・リース氏が提唱した、新しいビジネスモデル創出のためのマネジメント論です。仮説、構築、計測、学習の四つのサイクルを速く回して、発生するコストを最小限にしながらビジネスを創ろうというもの。MVP（Minimum Viable Product）は、将来の製品開発にフィードバックを提供するのに十分な、実用最小限の製品のことです。MVPで重要なのは、この実用最小限の製品を作るにあたって、どのような機能がユーザーに求められていて、それで収益を得られるのかといった仮説を立て、検証していくことです。MVPをエンドユーザーに提供し、得られたフィードバックを活用して仮説を検証し、対応を検討・意思決定していくことで、市場投入までの時間短縮、リスク低減、開発コストを最小限に抑えるといったメリットを享受できます。

以上の言葉の意味をこのｗｅｂサービス開発プロジェクトに適用すると、マネージャーは、「実用最小限の製品を投入し、仮説、構築、計測、学習のサイクルを速く回す方法」を採用することにしたわけです。しかし、この方法はうまく実行されず、プロジェクトは遅々として進みませんでした。ＭＶＰを実行するためのポイントは「意思決定と実装のスピード」にありますが、ここのスピードがまったく上がりません。筆者がこのプロジェクトに呼ばれた時点で、問題と思われたものが以下です。

- こうなったら機能を実装して良いという基準が設けられていない
- その基準を、マネージャーと上長である役員の間で合意できていない

この問題は、例えば次のような状況に表れてきます。ある機能を開発するにあたり、サービスを利用する想定ユーザーにマネージャーがアンケートを取ることにしました。マネージャーはＭＶＰで進めることを念頭に、アンケートを取る人数も少なくて良いと考え、サー

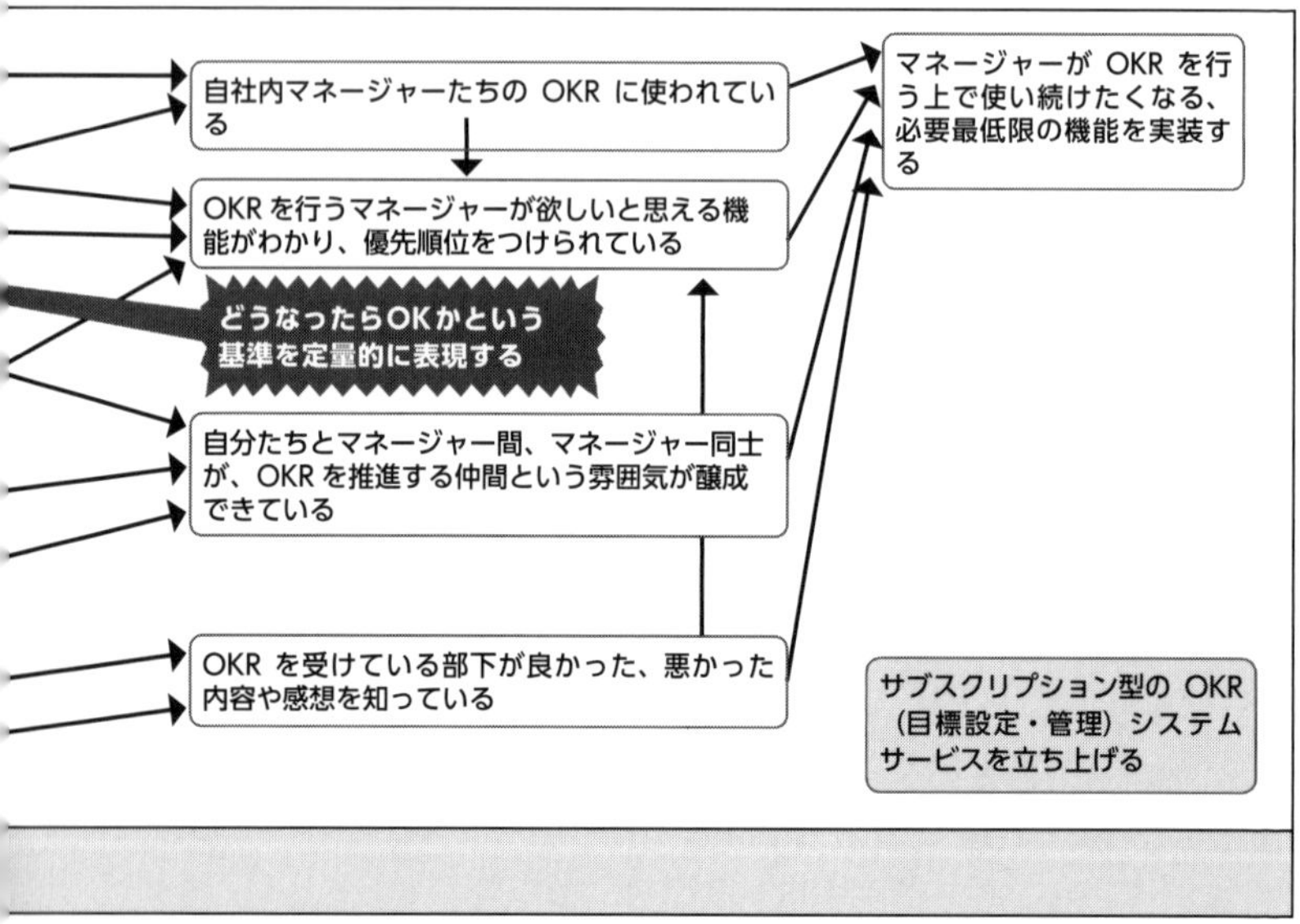
自社内マネージャーたちの OKR に使われている
OKR を行うマネージャーが欲しいと思える機能がわかり、優先順位をつけられている
どうなったらOKかという基準を定量的に表現する
自分たちとマネージャー間、マネージャー同士が、OKR を推進する仲間という雰囲気が醸成できている
OKR を受けている部下が良かった、悪かった内容や感想を知っている
マネージャーが OKR を行う上で使い続けたくなる、必要最低限の機能を実装する
サブスクリプション型の OKR（目標設定・管理）システムサービスを立ち上げる

ビスが解決するテーマに関するセミナーなどで知り合った想定ユーザーに直接ヒアリングを行っていきます。そうして集めたユーザーの声をまとめ、上司に対して「このような結果が出たので、この機能を実装します」と伝えると、上司は「このアンケートの数じゃ足りないよ」とストップをかけます。

こうした状況が度々起きると、プロジェクトチームにアサインされたエンジニアたちは手を動かすことができず、貴重な人的リソースが無駄になってしまいます。無駄な機能開発を抑えるためのＭＶＰのはずが、機能開発にすら進めない。このような状況は多くのＩＴ企業で散見されます。

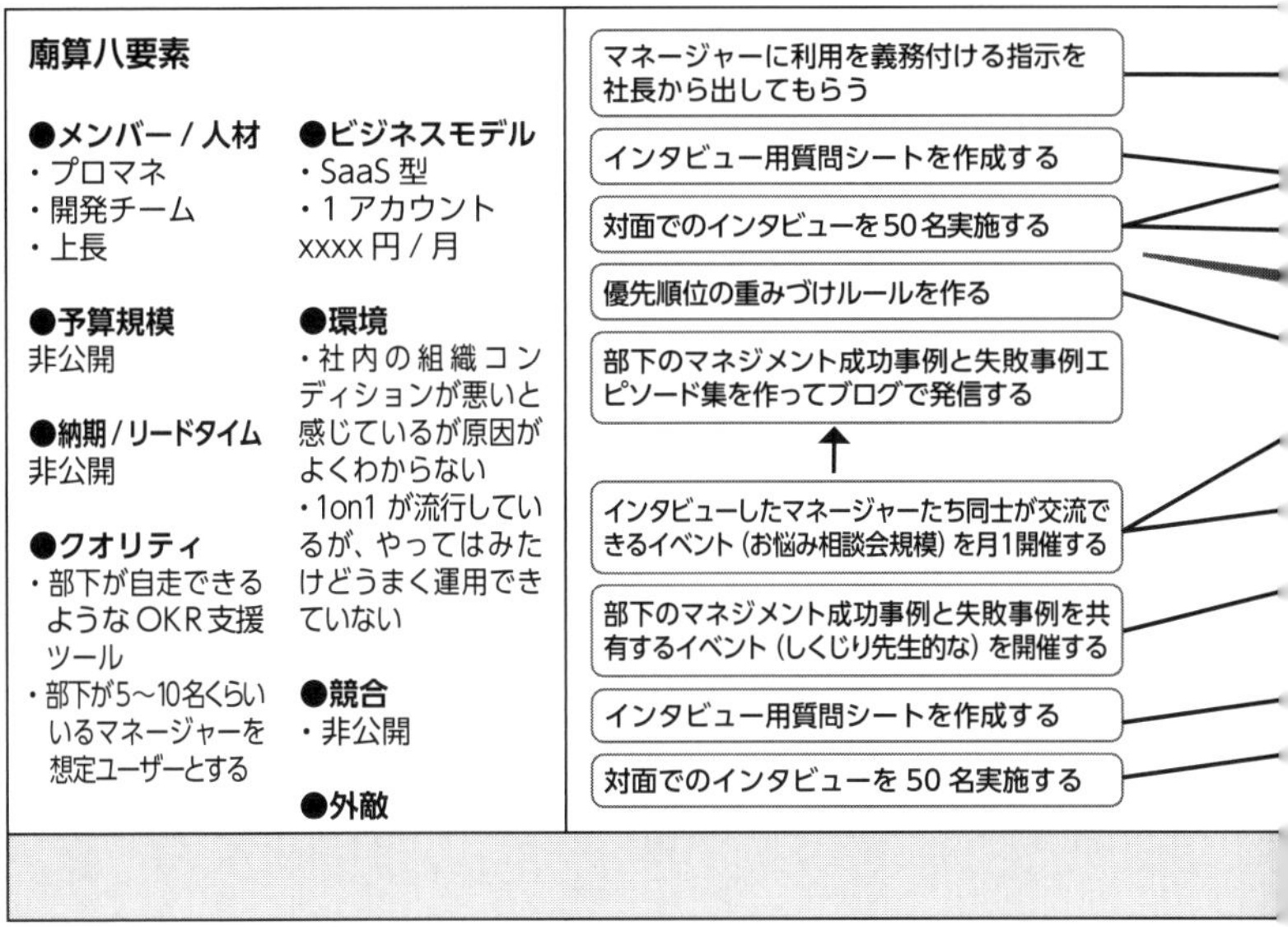
廟算八要素
●メンバー / 人材
・プロマネ
・開発チーム
・上長
●ビジネスモデル
・SaaS 型
・1 アカウント
xxxx 円 / 月
●予算規模
非公開
●環境
・社内の組織コンディションが悪いと感じているが原因がよくわからない
・1on1 が流行しているが、やってはみたけどうまく運用できていない
●納期 / リードタイム
非公開
●クオリティ
・部下が自走できるような OKR 支援ツール
・部下が5〜10名くらいいるマネージャーを想定ユーザーとする
●競合
・非公開
●外敵
マネージャーに利用を義務付ける指示を社長から出してもらう
インタビュー用質問シートを作成する
対面でのインタビューを 50 名実施する
優先順位の重みづけルールを作る
部下のマネジメント成功事例と失敗事例エピソード集を作ってブログで発信する
インタビューしたマネージャーたち同士が交流できるイベント（お悩み相談会規模）を月1開催する
部下のマネジメント成功事例と失敗事例を共有するイベント（しくじり先生的な）を開催する
インタビュー用質問シートを作成する
対面でのインタビューを 50 名実施する

リーンスタートアップとMVPにはそれぞれリーンキャンバスとMVPキャンバスというフレームワークがあります。リーンキャンバスでビジネスモデルの全体像を把握・検証し、MVPキャンバスで製品に実装すべき機能の仮説を立て、必要なコストや発生するリスクなどを検証していきます。このフレームワークを使いこなすことができれば理想的ですが、マネージャーや上司、そして私もこのフレームワークを使用したことがなかったため、まずは、プ譜を書いて状況を整理することにしました。マネージャーと筆者が一緒に書いたのが、上図のプ譜です。

ＭＶＰを作って自分たちの仮説が正しいかどうかを測るには、それを判断する基準・指標となる勝利条件を定めなければなりません。ここでは、「マネージャーがＯＫＲを行う上で使い続けたくなる、必要最低限の機能を実装する」としました。

次に勝利条件を実現するための〝あるべき状態〟となる中間目的を設定します。上述したアンケートの問題はここで整理する必要がありました。マネージャーは最初、「マネージャーが欲しいと思える機能がわかり、優先順位をつけられている」と表現しました。この表現自体は間違っているとは言えませんが、開発プロジェクトを進める上ではサービス提供者として「機能がわかっている」と言えるには、どのくらいのユーザーの声が必要かという目安を書き加えたほうが良かったのです。アンケートを取るのであれば、50人なら十分なのか。それとも１００人の声を聞けば間違いないと思えるのか。目安となるのは必ずしも数値目標とはかぎりません。サービス開発者が「この機能は間違いなく求められる」と、実感できる手応えを得るということでも構わないのです。このプロジェクトの問題は、その判断基準が定量的にも定性的にも設定されず、かつマネージャーと上司の間で合意できていなかったことです。

プ譜は、勝利条件から逆算して書きます。その中間目的を考える上では、「どんな状態になったら勝利条件を実現できるか？」と自分自身に質問していくのですが、今回の事例のような製品開発では、「どうなったらその開発を進めて良いか？」と質問してみてください。

(4)「ステークホルダーが非協力的」なときのプ譜事例

次に紹介するのは、素材メーカーの新規事業プロジェクトです。研究部門が開発した新素材を市場に投入するにあたり、プロジェクトチームが作られました。営業部門からリーダーが抜擢され、この新しい素材を使ってどのような製品を作れば売れるかを調査し、展示会などに出展することで見込客を獲得していきます。このプロジェクトでは素材はあるものの、完成品としての製品はまだ存在しないため、見込客の要望を集めながら、それを製品にフィードバックしていかなければなりません。ここで鍵を握るのが調査研究部門です。見込客の要望に基づいて製品開発するにあたり、製品の強度や重量などが、要望されたレベルを満たすことができるか？　といったテストを行う必要があるのです。

リーダーは持ち前の営業力と推進力で、色々な業界から新素材を使った製品開発の引き合いを持ってきます。ところが、肝心の調査研究部門長がなかなかリソースを割いてくれません。新素材を使った製品開発という目標には合意しているはずなのに、調査研究部門

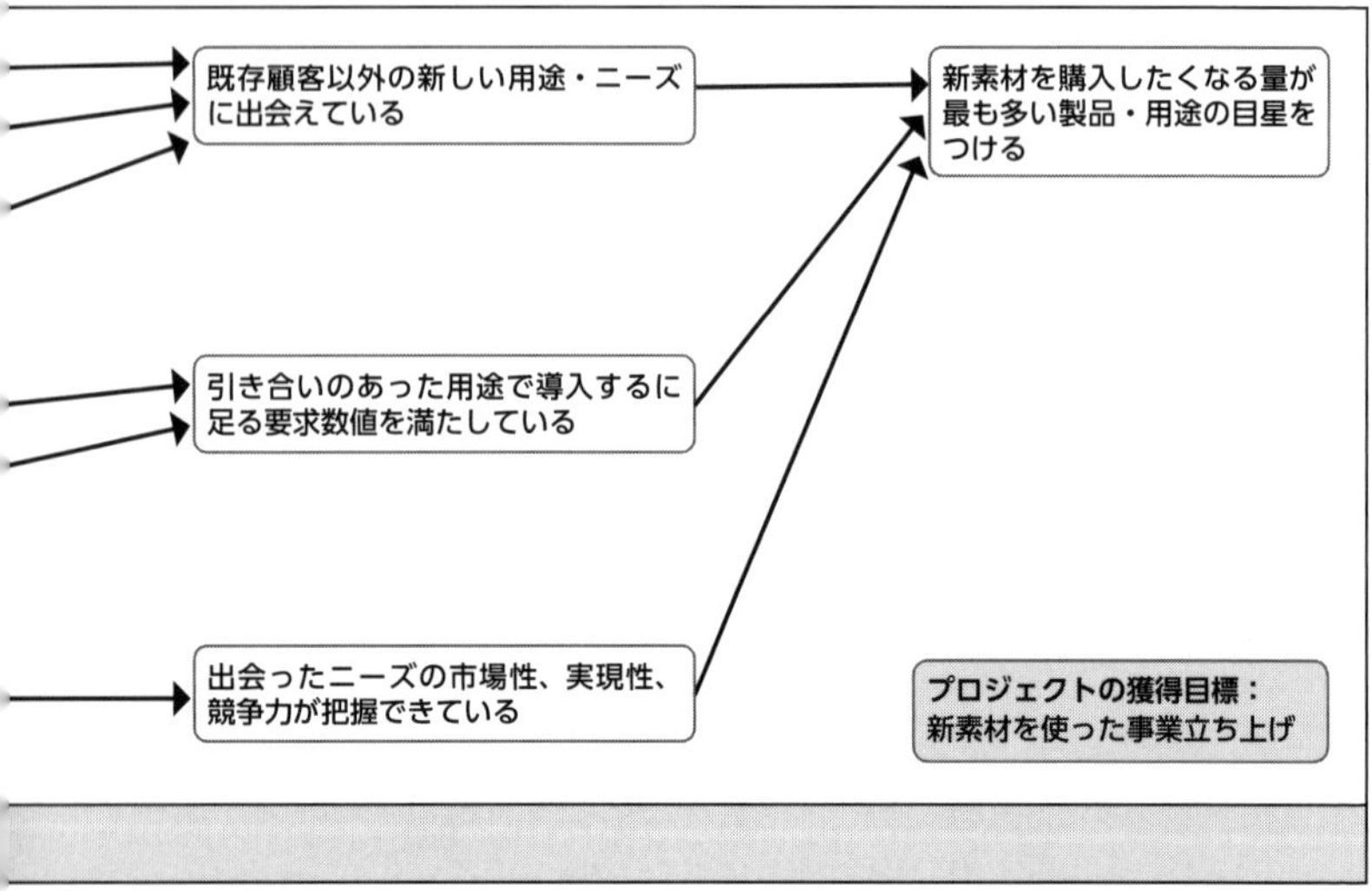
既存顧客以外の新しい用途・ニーズに出会えている
新素材を購入したくなる量が最も多い製品・用途の目星をつける
引き合いのあった用途で導入するに足る要求数値を満たしている
出会ったニーズの市場性、実現性、競争力が把握できている
プロジェクトの獲得目標：
新素材を使った事業立ち上げ

が非協力的なままでは、プロジェクトを進めることができません。こうした問題に直面しているタイミングで、リーダーがプ譜のワークショップに参加しました。現状整理のためにリーダーが書いたプ譜が上図です。

　注目したのは「外敵」に調査研究部門長が入っていることでした。廟算八要素には「人材」と「外敵」という二つの人に関わる要素があります。人材とはプロジェクトチームを構成するメンバーのこと。外敵とは、社内に存在してプロジェクトの進行を妨げようとする人物や価値観のことを指します。

　プロジェクトはひとりでは進めることができません。プロジェクトに必要なスキルや知識を持った人材を、チームに招き入れる必要があります。要件に適合したり、ポテンシャ

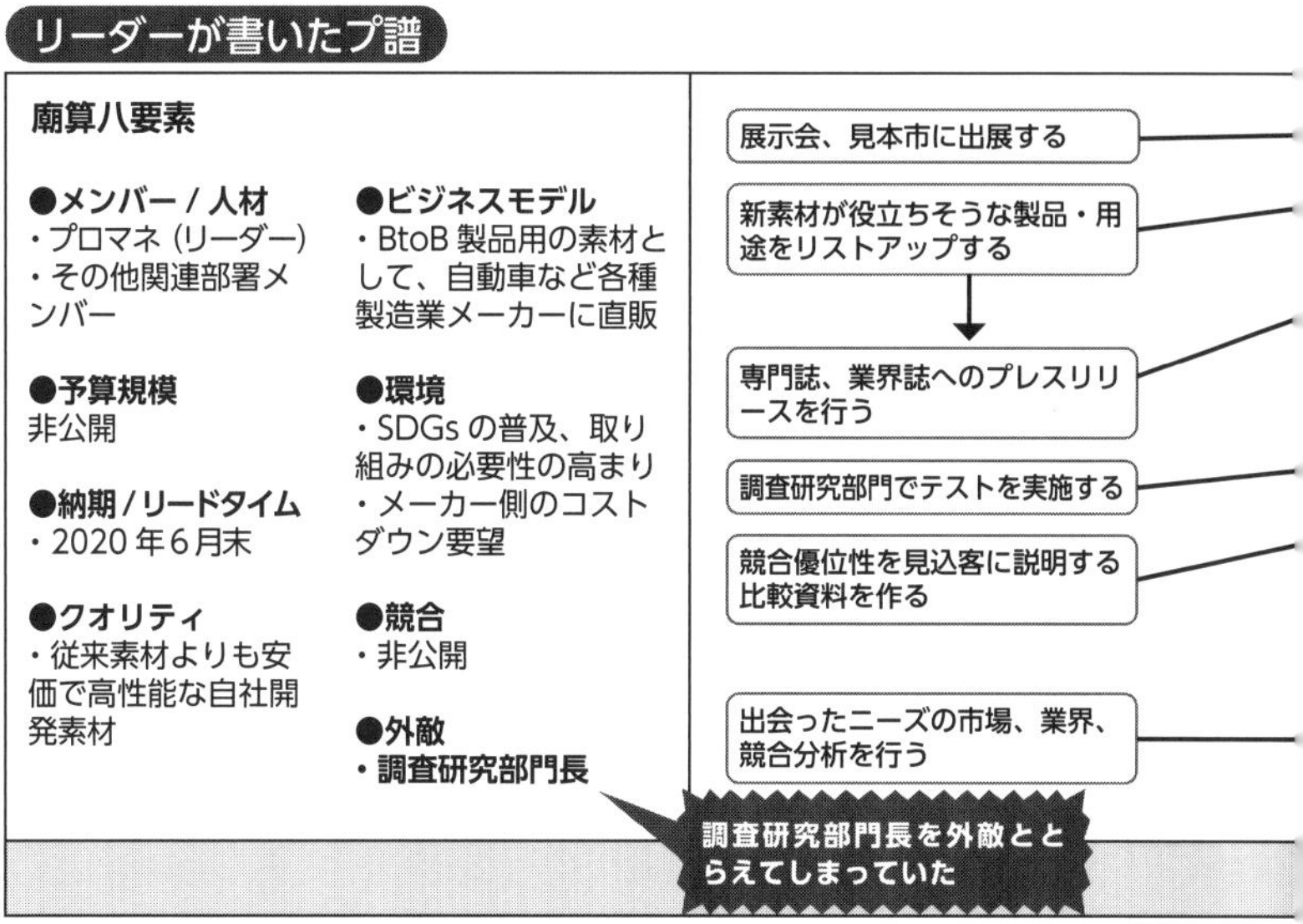
リーダーが書いたプ譜
廟算八要素
●メンバー／人材
・プロマネ（リーダー）
・その他関連部署メンバー
●ビジネスモデル
・BtoB 製品用の素材として、自動車など各種製造業メーカーに直販
●予算規模
非公開
●環境
・SDGs の普及、取り組みの必要性の高まり
・メーカー側のコストダウン要望
●納期／リードタイム
・2020 年６月末
●クオリティ
・従来素材よりも安価で高性能な自社開発素材
●競合
・非公開
●外敵
・調査研究部門長
展示会、見本市に出展する
新素材が役立ちそうな製品・用途をリストアップする
専門誌、業界誌へのプレスリリースを行う
調査研究部門でテストを実施する
競合優位性を見込客に説明する比較資料を作る
出会ったニーズの市場、業界、競合分析を行う
調査研究部門長を外敵ととらえてしまっていた

ルのありそうな人材を社内からアサインする。外部から採用するなら、与えられた予算で求人広告を出したり、スカウトサービスを使用したりします。プロジェクトに与えられたスケジュールによっては、採用に要する時間を割けない場合もあります。

プロジェクトメンバーとなる人物の、これまでの経験や仕事のし方、職場環境なども見逃せない要素です。新しい素材を使い、ゼロから製品をつくっていこうとすると、ルーティンワークになっている「いつもの仕事」にはない、新しい仕事をする必要があります。決められた手順で進める仕事に慣れきっていると、こうした新しい仕事を負担に感じてしまい、プロジェクトに支障をきたす可能性があります。

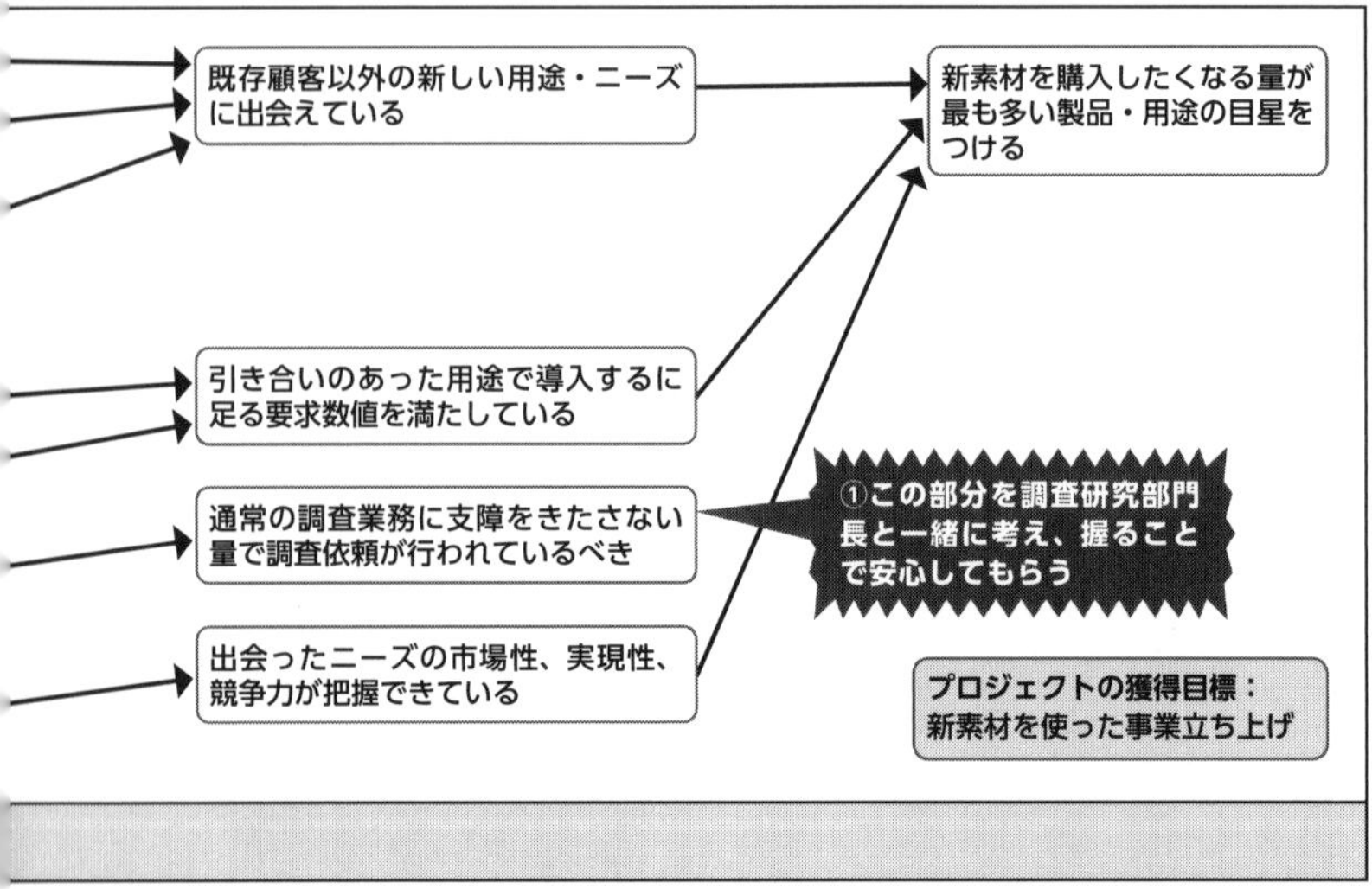
既存顧客以外の新しい用途・ニーズに出会えている
新素材を購入したくなる量が最も多い製品・用途の目星をつける
引き合いのあった用途で導入するに足る要求数値を満たしている
通常の調査業務に支障をきたさない量で調査依頼が行われているべき
①この部分を調査研究部門長と一緒に考え、握ることで安心してもらう
出会ったニーズの市場性、実現性、競争力が把握できている
プロジェクトの獲得目標：新素材を使った事業立ち上げ

今回の事例では、リーダーにとって「人材」に居るべき調査研究部門長が、非協力的な状態が長く続いた影響を受けて、「外敵」に書き込まれていました。そこで、筆者が部門長にヒアリングをしたところ、新素材を使って製品開発するにあたり、色々な用途の調査要望があるため、ルーティンで行っている検査業務に支障をきたすのではないかという懸念を持っていることを明かしてくれました。

また、長く決まった業務に従事してきたため、新しい検査業務にどのくらいの時間や労力を割かねばいけないかが見積もりづらかったことも、積極的にプロジェクトの検査業務を受けてくれない原因になっていました。

このヒアリング内容をリーダーに伝え、部門長を交えて書き直したのが上図のプ譜で

調査研究部門長と一緒に書き直したプ譜

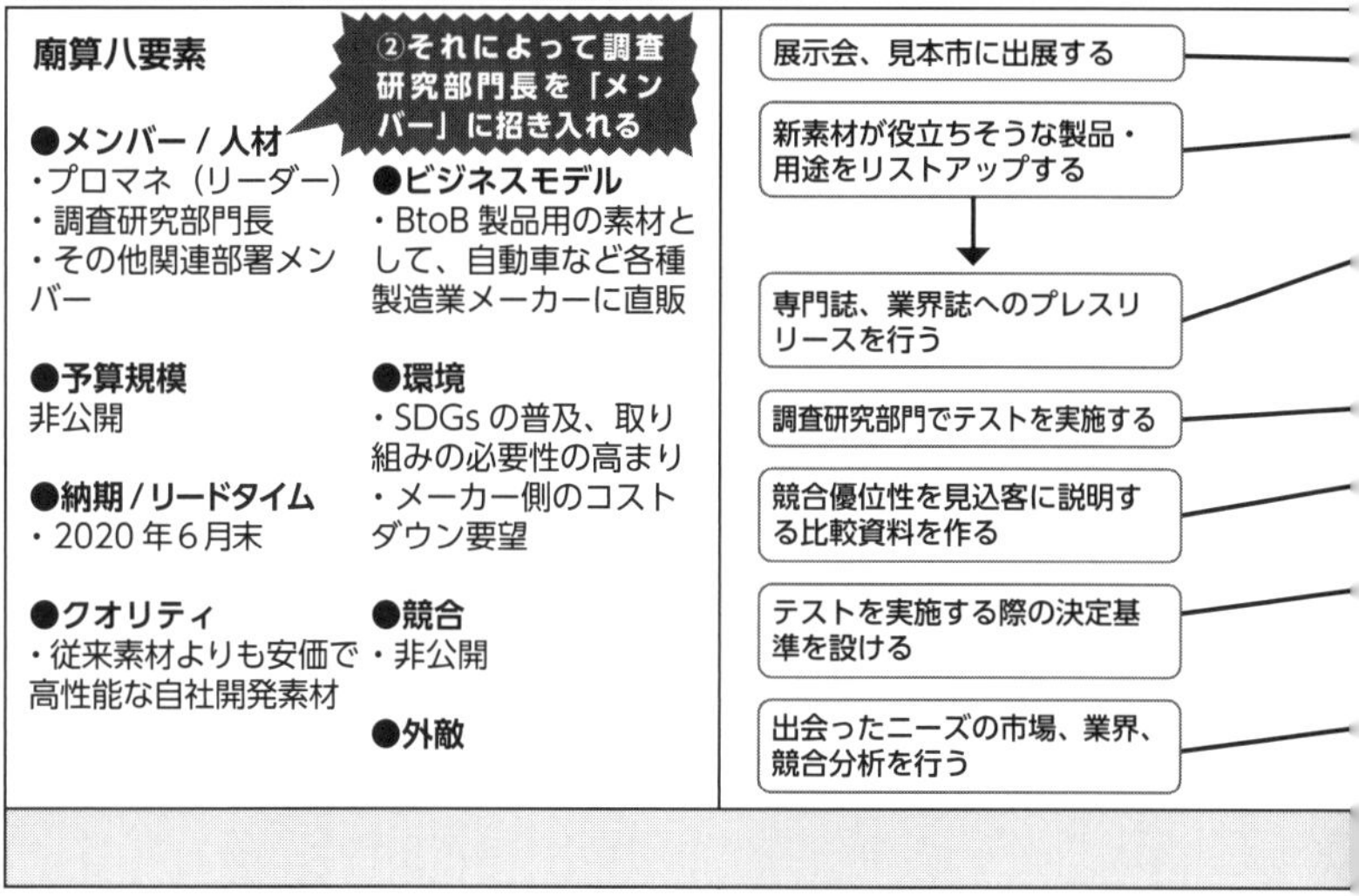
廟算八要素
②それによって調査研究部門長を「メンバー」に招き入れる
●メンバー / 人材
・プロマネ（リーダー）
・調査研究部門長
・その他関連部署メンバー
●ビジネスモデル
・BtoB 製品用の素材として、自動車など各種製造業メーカーに直販
●予算規模
非公開
●環境
・SDGs の普及、取り組みの必要性の高まり
・メーカー側のコストダウン要望
●納期 / リードタイム
・2020 年 6 月末
●クオリティ
・従来素材よりも安価で高性能な自社開発素材
●競合
・非公開
●外敵
展示会、見本市に出展する
新素材が役立ちそうな製品・用途をリストアップする
専門誌、業界誌へのプレスリリースを行う
調査研究部門でテストを実施する
競合優位性を見込客に説明する比較資料を作る
テストを実施する際の決定基準を設ける
出会ったニーズの市場、業界、競合分析を行う

す。

当初リーダーが書いたプ譜の、調査研究に関わる中間目的には、「導入するに足る要求数値を満たしている」としていましたが、リーダーが持ってくる引き合いのうち、なんでもかんでも調査に回すのではなく、調査研究を行うことを決定するための基準を設けることにしました。見込金額やスケジュールなどの要素から、優先して調査するものを選び、優先度の低いものは後回しにしていいということにしたのです。このプ譜を部門長と一緒に書くことで、リーダーが部門長に約束をし、安心・納得してもらうことができました。

社内新規事業では、予めプロジェクトチームの人員が決められていることが多いです。同じ社内の人間だと、アサインされたメンバーが味方であることを疑いもしませんが、新しいことを始めるとき、これまでの慣習やリズムが崩れることを嫌う人は少なくありません。プロジェクトは非ルーティンワークです。その前提を自他ともに共有していないと、廟算八要素の人材が自分の知らないうちに外敵になってしまいかねません。外敵になっているなら、その原因をていねいに取り除くことで、再び人材に引き入れる努力をしてください。

(5)「顧客の要望がふわっとしていてまとまらない」ときのプ譜事例

次に紹介するのは、ある自治体の教育改革プロジェクトです。近年、予備校や塾などで授業を録画したものを、スマートフォンやパソコンで配信し、教室では練習問題や復習を行うという「反転授業」が行われるようになっています。教室での一斉授業ではなく、個人のペースに合わせて授業が受けられるので、生徒の理解度に合わせた指導ができると評判のようです。こうした取り組みをどこからか聞いた教育長が、わが町の小中学校でも同じことをしよう！ と言い出しました。

小中学校の教員が、子どものつまずきやすいポイントを動画で説明して配信する。子どもたちは自分がつまずいている内容を解説する動画を見て、理解度を深めることができれば成功というわけです。鶴の一声を受けた現場担当者は、あわててわずかばかりの予算を取り、このプロジェクトを実現するためのツールやベンダーを展示会などで探します。そこで出会った動画制作会社に声をかけ、教育長から受けた要求を制作会社に伝えます。この要求がとにかくまとまっていないものでした。

子どものつまずきやすいポイントを動画にする。それによって子どもの理解度を高めるのが目的と思いきや、子どものつまずきやすいポイントをどのような動画にすればわかりやすくなるかを教員が考えることで、自分の指導を見つめ直すきっかけにしてほしいという要望もありました。さらには、自分で解説動画を作り、色々な教員の授業を見ることで、教師力も向上させたい。色々な「あれをやりたい」「これもやりたい」が出てきます。

その一方で制約が山積みです。そもそも動画制作を外注したら、1～2本撮って終わってしまうような予算しか取っていない。教員は動画制作に習熟していない。動画制作に必要なハンディカメラは学校に常備されず、教員の個人スマホは使えない。やりたいこと、できること、制約がまったく噛み合わない状態で、担当者はやりたいことだけをまくしたて、制作会社が質問をすると「あれはできない」「これはだめ」と制約がボロボロと出てくるような有様でした。制作会社の担当者は頭を抱えてしまいます。

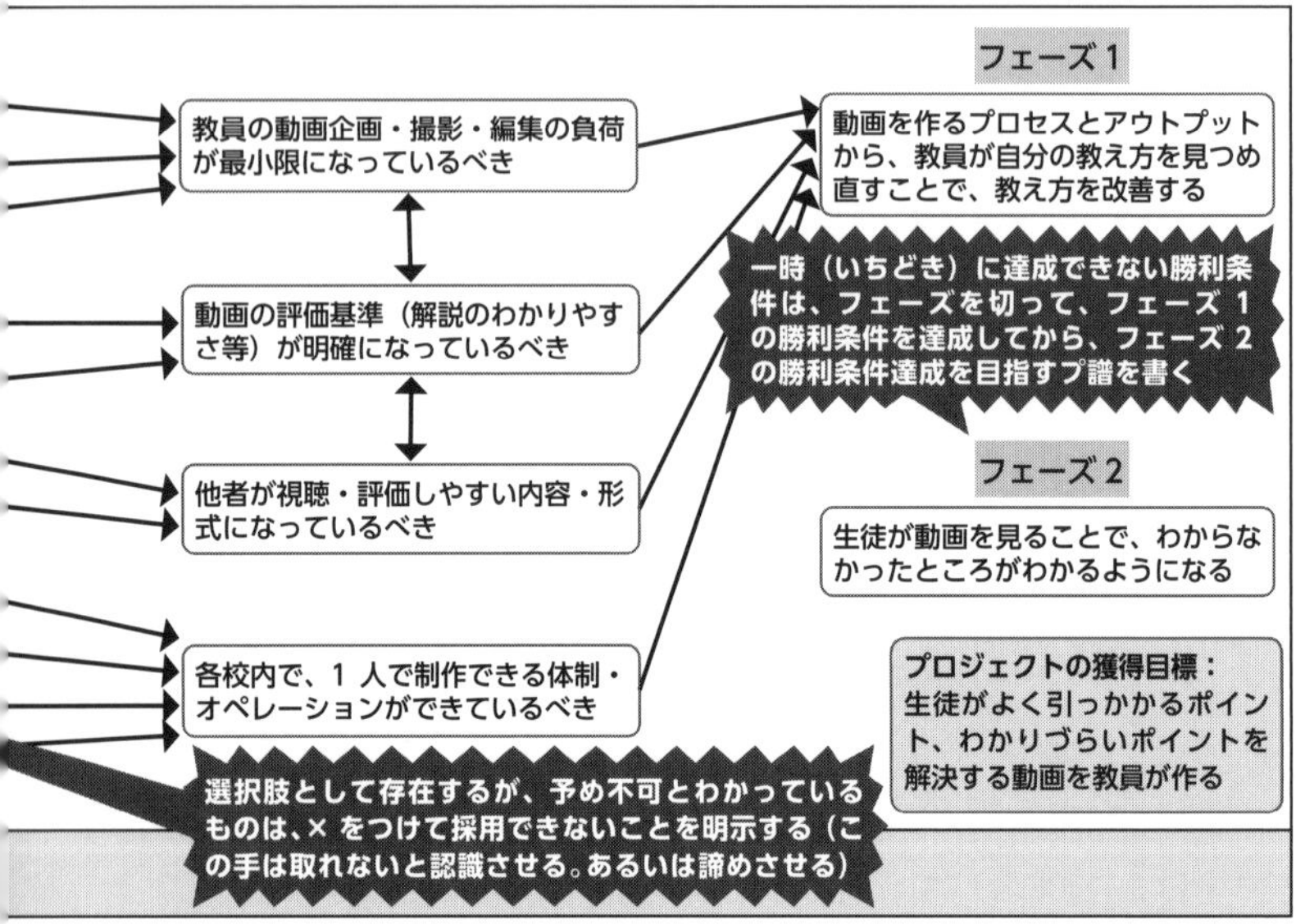
フェーズ１
教員の動画企画・撮影・編集の負荷が最小限になっているべき
動画を作るプロセスとアウトプットから、教員が自分の教え方を見つめ直すことで、教え方を改善する
一時（いちどき）に達成できない勝利条件は、フェーズを切って、フェーズ１の勝利条件を達成してから、フェーズ２の勝利条件達成を目指すプ譜を書く
動画の評価基準（解説のわかりやすさ等）が明確になっているべき
フェーズ２
他者が視聴・評価しやすい内容・形式になっているべき
生徒が動画を見ることで、わからなかったところがわかるようになる
各校内で、１人で制作できる体制・オペレーションができているべき
プロジェクトの獲得目標：生徒がよく引っかかるポイント、わかりづらいポイントを解決する動画を教員が作る
選択肢として存在するが、予め不可とわかっているものは、× をつけて採用できないことを明示する（この手は取れないと認識させる。あるいは諦めさせる）

そこで、プ譜のフォーマットに則って、ヒアリングした内容を整理することにしました。それがこちらのプ譜です。

そもそもの目標は、「生徒がよく引っかかるポイント、わかりづらいポイントを解決する動画を教員が作る」でした。それがどのようになったら成功と言えるかの判断基準をひとつに絞ることにしたのです。いくつかの要望をフェーズに分け、まずは「動画を作るプロセスとアウトプットから、教員が自分の教え方を見つめ直すことで、教え方を改善する」としました。これは、子どもに見てもらうことを前提とせず、まずは教員内で見ることを前提にしたものです。教員はそもそも激務です。新たに動画制作

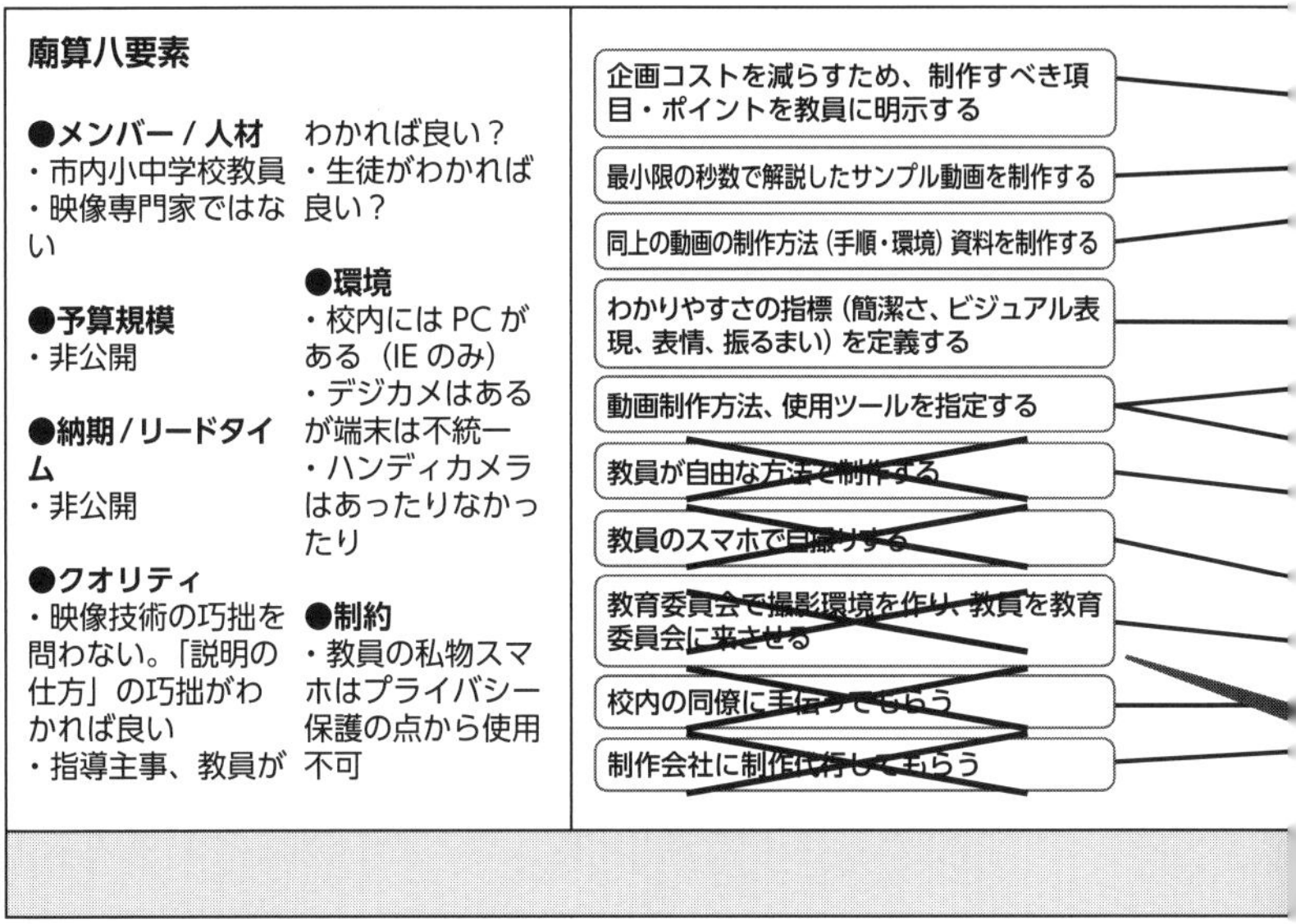

廟算八要素
●メンバー / 人材
・市内小中学校教員
・映像専門家ではない
●予算規模
・非公開
●納期 / リードタイム
・非公開
●クオリティ
・映像技術の巧拙を問わない。「説明の仕方」の巧拙がわかれば良い
・指導主事、教員がわかれば良い？
・生徒がわかれば良い？
●環境
・校内には PC がある（IE のみ）
・デジカメはあるが端末は不統一
・ハンディカメラはあったりなかったり
●制約
・教員の私物スマホはプライバシー保護の点から使用不可
企画コストを減らすため、制作すべき項目・ポイントを教員に明示する
最小限の秒数で解説したサンプル動画を制作する
同上の動画の制作方法（手順・環境）資料を制作する
わかりやすさの指標（簡潔さ、ビジュアル表現、表情、振るまい）を定義する
動画制作方法、使用ツールを指定する
教員が自由な方法で制作する
教員のスマホで自撮りする
教育委員会で撮影環境を作り、教員を教育委員会に来させる
校内の同僚に手伝ってもらう
制作会社に制作代行してもらう

という業務が降ってきて、それによって教員のその他の業務を圧迫するようなことがあってはいけません。やりたいことはあっても、それを実現できる〝あるべき状態〟のツジツマがあっていなければ、プロジェクトは容易に炎上・失敗してしまいます。

「教員の動画企画・撮影・編集の負荷が最小限になっているべき」であるため、制作する動画の秒数を短くすることや、どの教科のどの項目を動画で解説してほしいといった基準を明快にしたり、簡単に動画が制作できる無料の動画制作ツールを使用するといった施策を決めていきました。そうして仮のプランをプ譜で書いた後に、このプランを実行する場合、期限までにどんなクオリティの映像が、何本できている必要があるか？ 制作する動画の学年や科目の絞り込みが可能かといったことを、教育長および教育委員会で検討・決定してもらうためのリストを作成しました。

このプロセスのポイントは、いくつかの「やりたいこと」を順序づけ、まず何から始めるかを決め、そのためには「どうあるべきか？」ということを定義することで、複雑な要素を縮減し、「こうやれば実現できる」というプランを、顧客と一緒に合意形成しながら進めたというところです。

担当者にとっても、いきなり降ってきたプロジェクトをどのように進めていけばよいかはわかりません。この方もまた動画制作経験がなく、上司である教育長の一声に振り回され、五里霧中でより良い方法を探し求めていたのです。そんななか、目標を整理し、実現のための道筋を一緒に作ってくれた制作会社の存在はとても心強いものでした。

この事例の教訓は、プロジェクトの部分を受け持つベンダーにとっては、顧客の要望を整理するのにプ譜のフォーマットが役立つということ。顧客との合意形成や信頼関係の構築にプ譜が役立つということを教えてくれます。

（６）「上司の思いつきを忖度してプロジェクトが一向に始まらない」ときのプ譜事例

ここで紹介する事例は、プロジェクトを任せる上司の方に特に見ていただきたいものです。あるＳＰＡ（製造小売）企業では、各エリアの店舗を担当するスーパーバイザーが集まるチームがあります。そのチームの部長は学習意欲の高い方で、多くのビジネス誌を購読し、参考になりそうな事例があれば、その箇所を切り抜いて、部下であるスーパーバイザーにメールで情報共有していました。それだけなら害はないのですが、自社でも取り組んでみたいと思った事例があると、「これをやってみよう」とメールで事例情報とともに送るだけなのです。そのメールを見たスーパーバイザーたちは、「部長が言っていることは、こういうことかな？　ああいうことかな？」と頭を突き合わせて考え、それらを複数ページにわたる企画書としてまとめます。それを部長に見せて、部長のイメージと合っていればスタートしますが、多くの場合、部長のイメージと合わずに、「なんかちがうね」「このＫＰＩで合っているのかな？」といった具合に、企画書を突き返され、その都度スーパーバイザーが企画書を作りなおすのです。この〝社内儀式〟のために、スーパーバイザーは業務時間を無駄に割かれ、本来やりたい仕事に時間を使えないでいました。

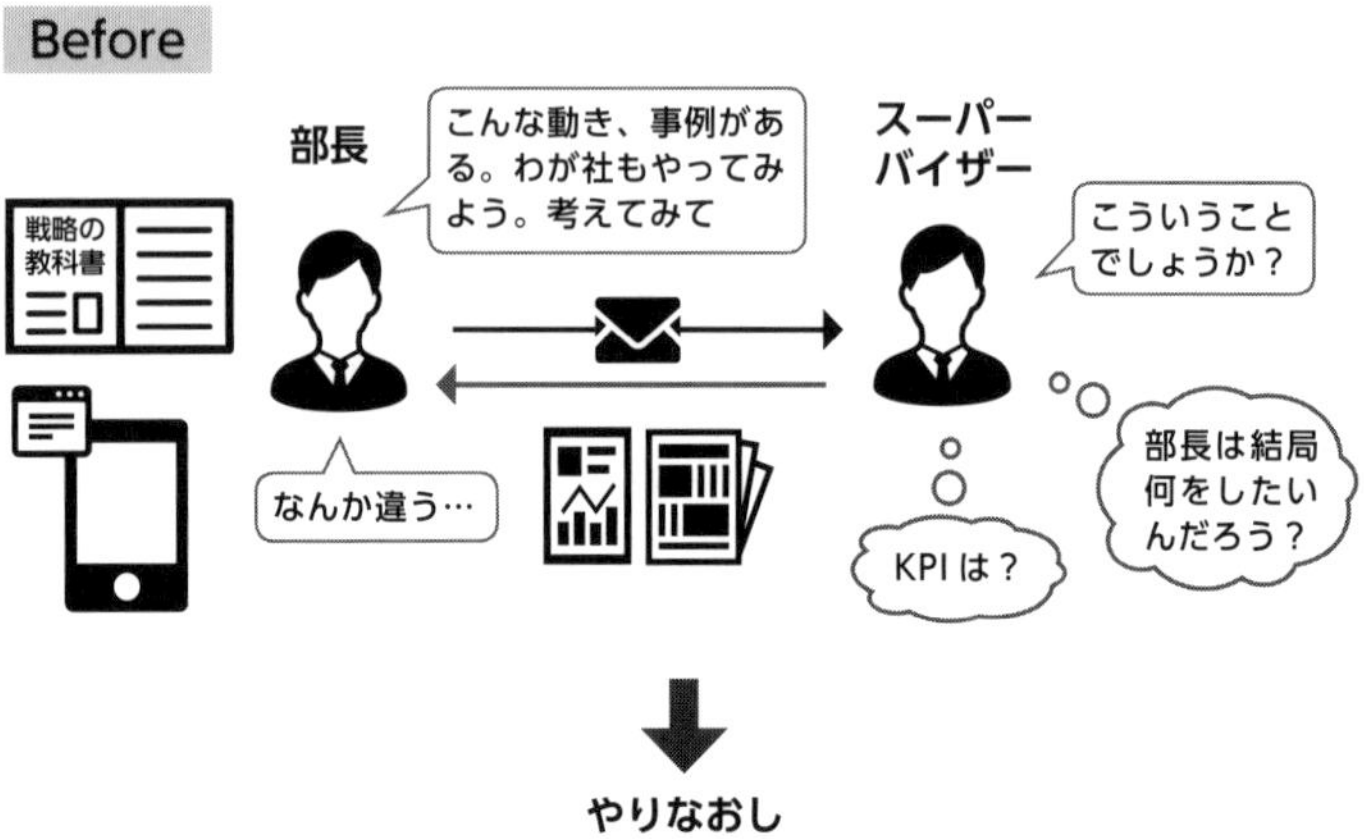
Before
部長
こんな動き、事例がある。わが社もやってみよう。考えてみて
スーパーバイザー
こうしうこと でしょうか？
戦略の教科書
なんか違う…
部長は結局何をしたいんだろう？
KPIは？
やりなおし

こうした課題を抱えていたスーパーバイザーのひとりが、筆者のプ譜のワークショップを受講されました。受講後、部長がメールに事例を添付して「これやろうよ」ときたものに対して、何枚もの企画書を作るのではなく、部長がやりたいことを実現しようとすると、「現在の自社の状況ではこのような進め方になる」という進め方のイメージをプ譜1枚で表現することにしたのです。

これによって、最も大きく変わったポイントが、〝あやしいKPI〟が減ったことです。これまでは企画書を作るうえで、KPIの考案と設定が求められていましたが、やったことのないプロジェクトで、確実なKPIを出すのは至難です。そのため、類似事例からそれらしいKPIを持ってきては、企画書に記載するということをしていました。しかし、その

図５

After

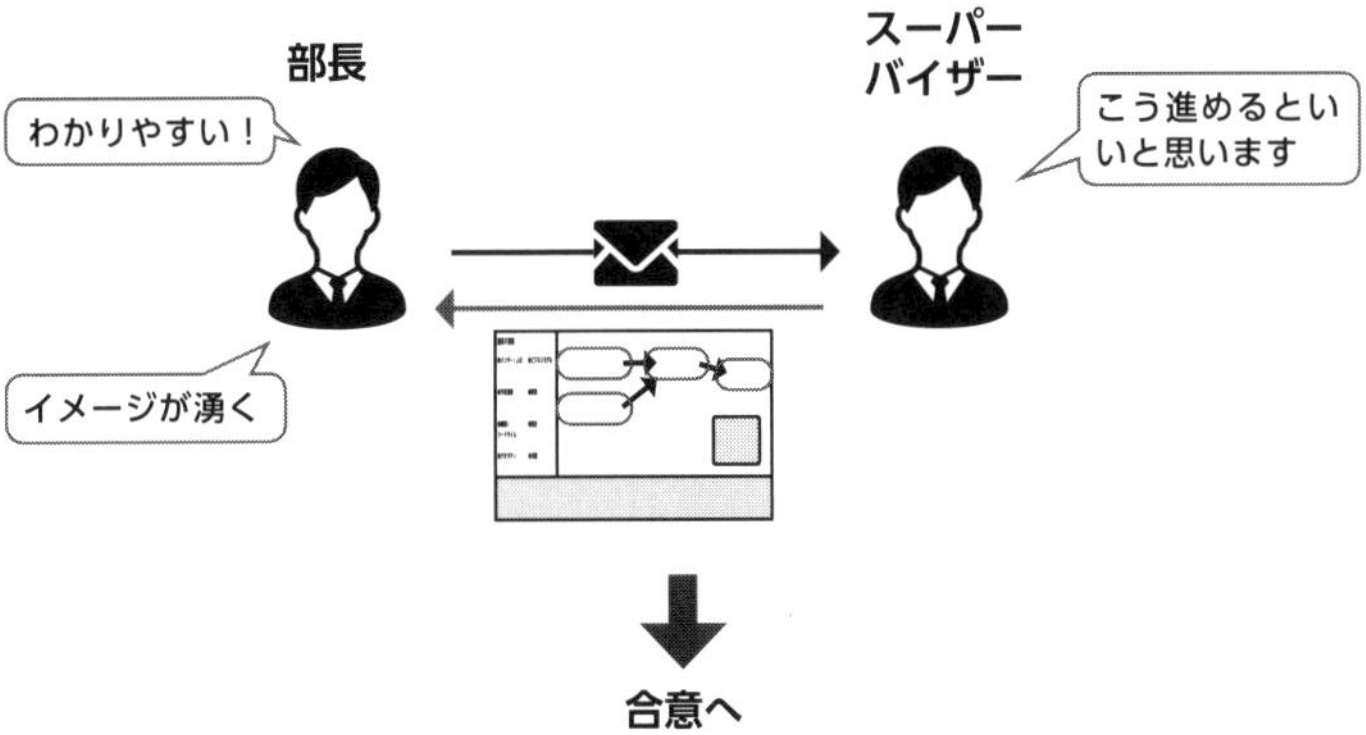
部長
わかりやすい！
イメージが湧く
スーパーバイザー
こう進めるといいと思います
合意へ

ＫＰＩに部長の納得感が得られないと、企画書の作り直しになっていたところを、数字の指標を出すことはそもそも難しく、実際にプロジェクトを始めてもその指標が適切ではない可能性があることを前提に、プ譜では厳密なＫＰＩを出さないことにしました。プ譜ではプロジェクトの目標を実現するための「あるべき状態」を定義するのですが、それを「ＫＰ（Key Performance）」として定性的に表現し、いったん「Ｉ（Indicator：数値の指標）」をはずしたのです。

そうして計測できるＫＰであればＩをくっつけてＫＰＩにすることにしました。また、複数の企画書を１枚のプ譜で表現する方法に変えたことで、企画作成と合意形式のコストとスピードを大きく削減することができました。この結果、スーパーバイザーの方曰く「打席に立てる回数が増えた」のだそうです。

打席に立つ回数が増えたことでプロジェクト自体

の成功率が上がるわけではありませんが、少なくとも上司とスーパーバイザー間のコミュニケーションコストが削減できたことは、プ譜を使うメリットとして役に立ちました。

上司の方が、部下の方に成長してほしい、自分の頭で考えられるようになってほしいと、大ざっぱなお題だけを与えて、それに対して返ってきたものに対し、「どうなっていたらOKでNGか」という評価基準を持たないまま、ただ自分の感覚や好みで評価（それを評価とは言わないと筆者は思いますが）することは、部下の時間と認知能力の無駄遣いです。ただの丸投げです。部下に何かを託すなら、返ってきたものの明確な評価・判断基準を持ってください。でなければプロジェクトはいつまでたっても先に進みません。

（7）「各部門が利害を主張して合意できない」ときのプ譜事例

最後に部署横断型のプロジェクト事例を紹介します。まずプロジェクトの概要です。こちらのプロジェクトは具体名を出せないため、実事例をもとにしたフィクションとしてお届けします。

長年続いてきたシューズブランドでは、競合他社製品の勢いに押され、会社の看板であったブランドのリブランディングプロジェクトが推進されていました。そこで、ブランドマネージャーをプロマネとし、商品開発、宣伝、情報システム、物流など複数の部署からメンバーが参加する部署横断型のプロジェクトチームが組織されました。

このブランドの特徴は、独自に築き上げてきた足の形状を測定するシステムを使い、ユーザーにぴったりの、履いて歩くときの負担のない運動靴を、カスタムメイドできるところにありました。しかし、同じコンセプトの体験がインターネットを通じて、精度は低いものの、より早く測定ができ、商品を届けるサービスとして登場した影響を受け、若年層を中心にブランド離れが起きていました。

こうした環境の変化を受け、店頭での買い物体験をガラリと変えるプロジェクトが起こったのです。

プロジェクトを成功させる上で重要なポイントは二つありました。ひとつは、今まで足の形状分析に数日間かかっていた時間を数時間に大幅に短縮すること。もうひとつは、この新しい分析システムを店員が使いこなせるようになり、かつ、若年層のユーザーとのコミュニケーション術を身につけてもらうことです。

ここでは前者のポイントで起きた問題について説明しましょう。足の形状分析を担当す

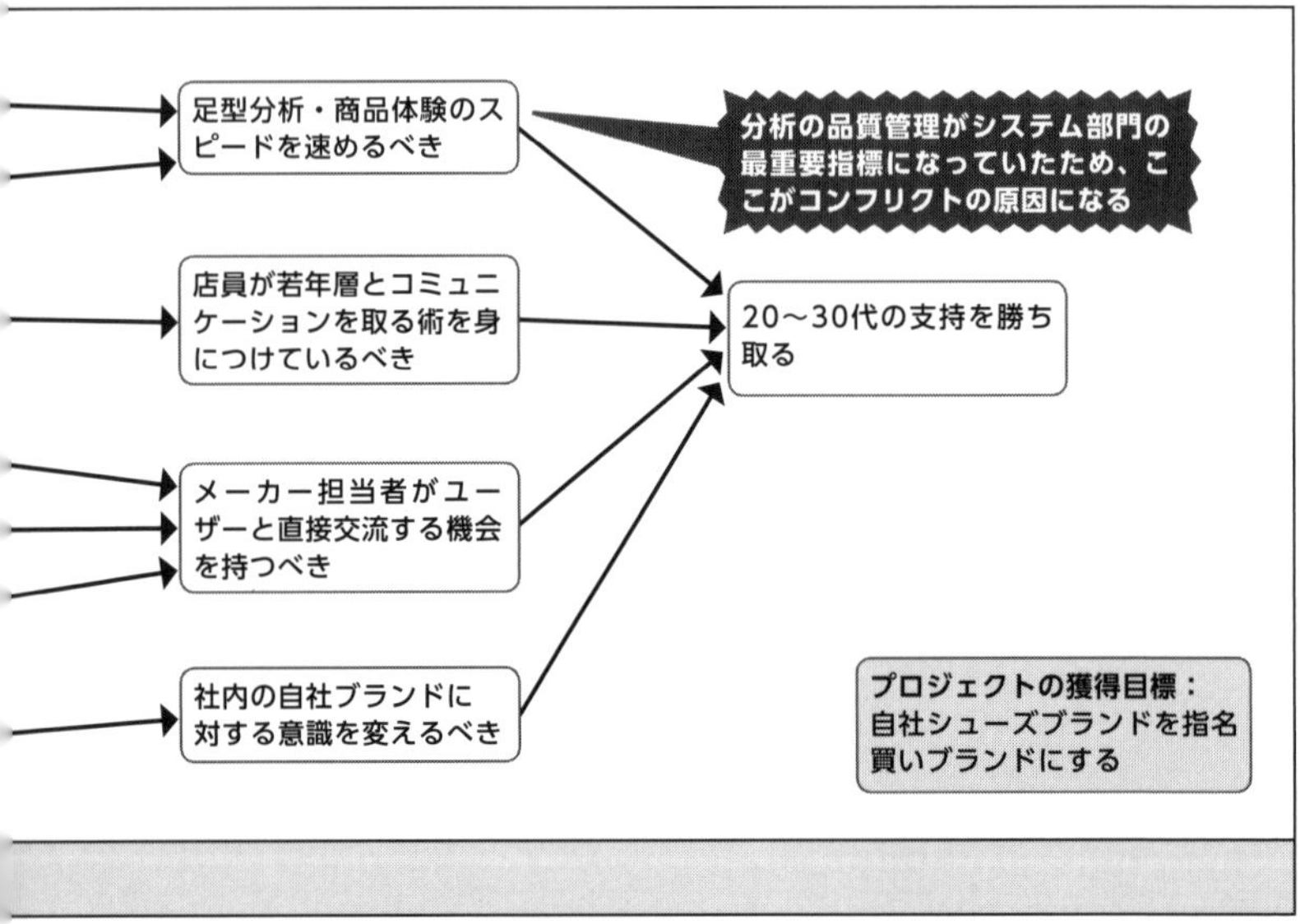
足型分析・商品体験のスピードを速めるべき
分析の品質管理がシステム部門の最重要指標になっていたため、ここがコンフリクトの原因になる
店員が若年層とコミュニケーションを取る術を身につけているべき
20～30代の支持を勝ち取る
メーカー担当者がユーザーと直接交流する機会を持つべき
社内の自社ブランドに対する意識を変えるべき
プロジェクトの獲得目標：自社シューズブランドを指名買いブランドにする

るのは情報システム部門です。ユーザーの店頭体験を変える上で、分析時間を大幅に短縮することを命題ととらえていたブランドマネージャーは、これを情報システム担当者に依頼しました。しかし、情報システム担当者はこれを拒否します。拒否する理由は、「スピードを速めることはできなくはないが、それでは分析の品質を落としてしまう」というものでした。情報システム担当者のこの理由に共感する方は多いと思います。しかし、ここがプロジェクトの趨勢を左右するものである以上、「諾」と言ってもらわねばなりません。

企業には大きな目的があって、それを実現するために組織があり、分業が行われています。しかし、縦割りの組織構造で仕事をして

廟算八要素

●メンバー / 人材
・マネージャー
・宣伝、情シス、物流、インフラ、営業、研究所など各部署からなる横断型 PJ チーム

●予算規模
・非公開

●納期 / リードタイム
・非公開

●クオリティ、技術
・足型を分析して一人ひとりにベストフィットするシューズを提供

●ビジネスモデル
・店頭販売

●環境
・ユーザーの情報収集の変化（自分で情報を仕入れる）
・プロジェクトメンバーは普段一緒にいないため、ブランドに対する共通イメージを持ちにくい

●外敵
・価値観が異なる社内の人々
・所属部署の価値観を墨守する気持ち

- 分析をリアルタイムに行うためのシステムを開発する
- 分析 3 分、4 日で商品を届けるロジスティクスを構築する
- 店員へのオン・オフライン教育プログラムを作成する
- 自分たちからユーザーに会いに行くイベントを開催する
- NPSを実施して、熱狂的な顧客の姿を明らかにする
- ユーザーのリアルな声を動画で届ける
- 会社員としての私でなく、個人の私として接する

いると、自分が所属している部署の評価基準が骨身に沁みついてしまいます。今回のケースでは、情報システム担当者が果たす、或いは守るべきことは「分析の品質」で、それが情報システム部の存在意義でもありました。

しかし、その分析の品質を守るために、店頭でのユーザー体験を毀損してしまっては、拠って立っていた存在意義（小さな目的）がプロジェクトの障害になってしまいます。

ブランドマネージャーと情報システム担当者間でまったく折り合えない状況を一度整理するため、プロジェクトメンバーでプ譜を書くことにしました。

プ譜を書くまでは、それぞれの部署が情報システム担当者のように、自分が所属する部

署がこれまで求められていた指標や基準を最重要視していました。しかし、全員でプ譜を作っていくうえで、プロジェクトの目標は「若年層の支持を勝ちとる」ことにあり、それを実現するためには、これまで自分たちが守ってきたものが目標の妨げになってしまうことが、はっきりと認識されたのです。

勝利条件を「若年層の支持を勝ちとる」に設定して以降、各部門担当者は、「自分たちはそもそも若年層のことを理解しているのか？」ということを疑い、実際にブランドのファン達に直接会い、ブランドを好きでいる理由や店頭での体験について話を聞きました。その体験が大きな引き金になり、「あのとき会った○○さん」のために開発するのだというモチベーションにつながりました。また、他社の分析技術を活用することで、品質を落とさずに分析スピードを速めることにも成功しました。

技術の活用やユーザーとの直接交流体験など、有効な施策はいくつかありますが、この事例で最も重要なのは、プロジェクトの真の勝利条件の設定です。勝利条件を考えることは自分たちにとっての真の顧客が誰で、その顧客が自分たちの製品・サービスを利用することで、どうなっていたら幸せか・助かるかといった状態を想像すること。そしてそれは、個人や一部の集団にとっての善ではない「共通善（common good）」を導き出すことがプロジェクトを導く力になるのです。

ここまでプロジェクトを進める上での問題と、プ譜が解決した事例をいくつか見てきました。プロジェクトにかかわる人々の間で、プロジェクトの進め方のイメージが異なっている。成功の条件やこのまま進めて良いかどうかの判断基準に統一されたものがない。こうした問題がプ譜を一緒に書くことで改善・解決されてきました。

前著ではプ譜を書くことに対して「プロジェクトの状況を見える化できる」「今後の進め方が見えてきた」といった感想をいただきました。しかし、「プ譜を書けても、どう運用すればいいかわからない」「プ譜をチームに実装できるか不安」という声もありました。実際、プ譜の制作ワークショップに参加された方のプロジェクトに入ってみると様々な課題がありました。

リーダーはプ譜を作れているのに、それがプロジェクトにかかわるメンバーに落とし込まれていない。異なる勝利条件を統一できない。声の大きい、或いは役職が上の人の意見ばかりが反映されてしまう。上司と部下でプ譜を書いても、見ている問題の大きさが異なる。筆者は実際にこれらの課題を持つプロジェクトの現場に入り、プ譜を使ったプロジェクトの進行を支援するなかで、プ譜を書けるようになるだけでは不十分であることを痛感しました。プロマネがひとりでプ譜を書く分には、自分の頭の中を整理するのに十分役立ちます。しかし、これを組織に実装し、プロジェクトを進めていくためには、プロジェクトメンバーと一緒にプ譜を作って合意するという「合意形成」のプロセスを経ることが不可欠です。そして、自分たちがプロジェクトの目標に近づけているか、プ譜を用いて「振り返る」ことが重要です。

プ譜をプロジェクトチーム全員で制作することで、プロジェクトの進め方のイメージを共有する。その制作過程に、合意形成の工程を組み込むことで、プロジェクトチームの志向性を統一する。そして未知で不確実なプロジェクトに対する仮説を検証し、振り返るプロセスを組み込むことで、チーム全体で学び、個々のメンバーがレベルアップする。プ譜はこの合意形成と振り返りのためのコミュニケーション手段を提供し、そのプロセスを記録するツールになります。

第3章、第4章では、実際に筆者が様々なプロジェクトに立ち会い、プ譜を使った合意形成と振り返りを行った記録から、再現可能なノウハウを紹介していきます。

第3章 プ譜の書き方、チームでの運用法～プロジェクト開始前の合意形成編

The best way to predict future is to create it.
未来を予測する最善の方法は、それを自ら創ってしまうことだ

（エイブラハム・リンカーン）

3-1

合意形成と振り返りのプロセスにプ譜を組み込む

第3章、第4章では、チームのメンバーとプロジェクトをより良く進めていくために、合意形成と振り返りのフェーズで、プ譜をどのように作り、使っていくかを解説していきます。プ譜をプロジェクトで使うフェーズは二つあります。

- プロジェクト開始前の「合意形成・仮説立案」フェーズ
- プロジェクト開始後の「振り返り・仮説検証」フェーズ

未知で、複雑で、不確実性の高いプロジェクトに挑むためには、「こう進めれば成功するのではないか?」という仮説を立てる必要があります。前著ではこの仮説を、プ譜を使って立てる方法を提示しました。本著では、これに加えて、メンバーがそれぞれに持っているプロジェクトの進め方のイメージ（そもそも持っていない人もいます）を、全員が腹落ちし、統一されたイメージに落とし込む。そんなプ譜をチームメンバー全員が関与して制作し、全員が同じ方向を見ることができるようになる方法を解説します。

全員が同じ方向を向き、一人ひとりのメンバーが、自分のやるべき仕事や、それがかかわる人々にどのような影響を与えるかといったことを理解し、その責任を引き受けている状態を作る。こうしたチームの状態を作ることが、「合意形成・仮説立案」フェーズのゴールになります。このゴールに到達して初めて、プロジェクトの進め方の「仮説検証」という、具体的な行動を起こすことができるのです。

プロジェクトの仮説ができたら、その仮説が正しかったのか、このままの進め方で問題があるのかないのかを検証しなければなりません。前著ではこの記録方法についても解説しましたが、本著では記録だけではなく、検証する作業をミーティングの場に組み込み、プ譜を使ってチームメンバーで振り返りを行う方法について解説します。

さらに、プロジェクトを合意形成と振り返りのフェーズでとらえ、プ譜をそのためのコミュニケーションツールとして使用した際の、チームの権限と責任の付与の仕方や、プ譜を書いてプロジェクトをファシリテートしていく新たな役割「プロジェクト・エディター」などについても紹介していきます。

3-2

プ譜を使った合意形成の進め方

あなたが起業家でないかぎり、プロジェクトの多くは経営者・上司から与えられるものでしょう。それを自分がリーダーとなって、社内メンバーや外部パートナーと進めるにあたって、与えられたプロジェクトを自分たちのプロジェクトに変えていく必要があります。

与えられたプロジェクトとは、プロジェクトの目標だけが示され、具体的な進め方については細かな指示がない状態のものです。具体的な進め方を考えるのがリーダーであるあなたの仕事です。この進め方をリーダーの頭の中だけに閉じ込めておかず、プ譜に書き起こして外在化し、チームメンバーと共有することが必要なわけですが、チームメンバーと共有したとしても、メンバーがちゃんと合意していなければ、プロジェクトの進行に支障をきたします。合意できてはじめて、自分たちのプロジェクトにすることができます。プ譜を絵に描いた餅で終わらせないよう、「合意形成・仮説立案」フェーズでは以下のステッ

図6：my project を our project に

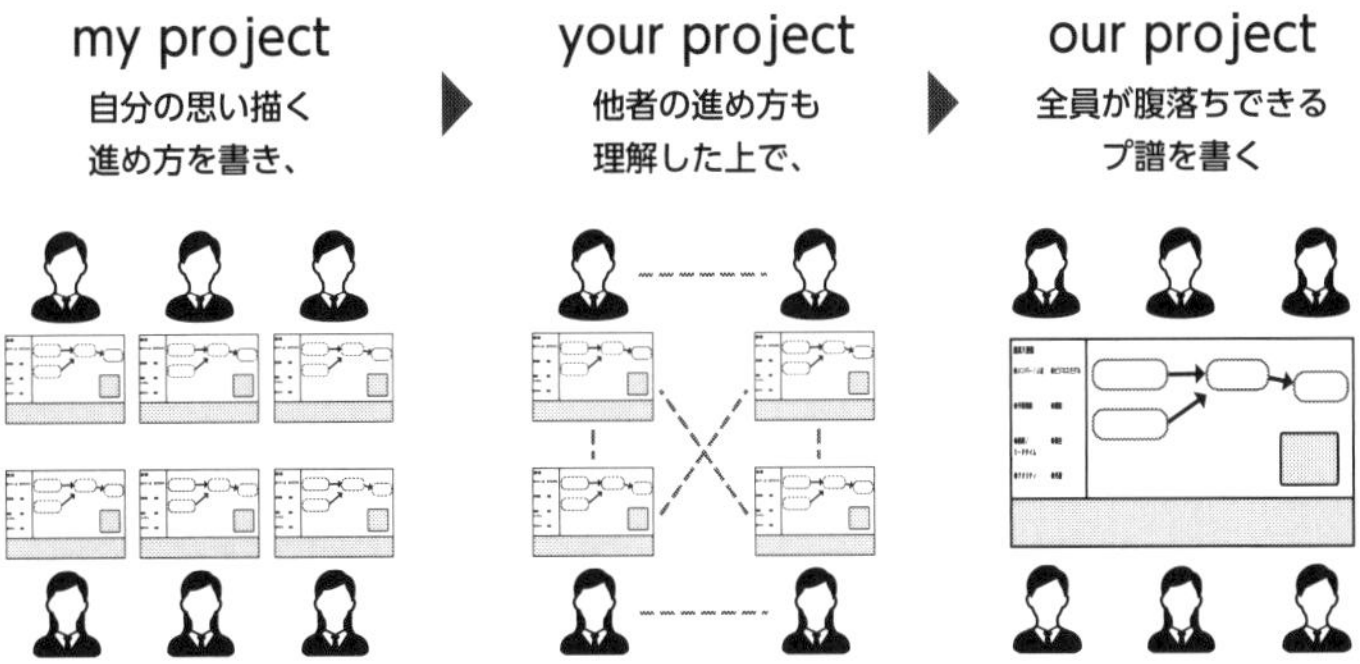
my project
自分の思い描く
進め方を書き、
your project
他者の進め方も
理解した上で、
our project
全員が腹落ちできる
プ譜を書く

プを踏んでください。

1. 自分の進め方を外在化する「my project」
2. 他者の進め方を知り、他者を理解する「your project」
3. 全員の合意を得て、進め方のイメージを統一する「our project」

「my project」のステップでは、プロジェクトメンバー一人ひとりが、自分はこう進めればプロジェクトの目標を達成できると考えるプ譜を書きます。いきなり、メンバー全員が膝を突き合わせて、統一のプ譜を作るのではありません。

次の「your project」のステップでは、小グループに分かれ（チームメンバーやかかわる部署の数や関係性によって、グループを構成する人数は微調整します）、自分のプ譜を他者に説明し、他者のプ譜の説明を聞きます。互いのプ譜を説明し合うことで、自分とは異なる問題のとらえ方や自分が見通せていなかった展開、見落としていたリスクなどを知ることができます。

最後の「our project」で、「your project」までに得たプランを吟味し、メンバー全員が腹落ちして、合意できる統一のプ譜を作り上げます。

このステップのゴールはプロジェクトにかかわる全員が、プロジェクトの進め方について合意することですが、重要なのは合意形成のプロセスです。まずは、一人ひとりがプ譜を書けるようになるため「my project」から始めましょう。

3-3
自分の進め方を外在化する「my project」

プ譜の記述要素については第2章で簡単に言及しましたが、あらためて詳しく解説します。書くのは紙に直接書いてもいいですし、付箋で書いて模造紙に貼るのでも、パワーポイントやGoogleスライドなどのツールを使ってもよいです。

プ譜を書く順番は下記のようになります。

獲得目標（プロジェクトのゴール）→**勝利条件**（ゴールの評価指標・判断基準）→**中間目的**（勝利条件を実現するための〝あるべき状態〟）→**施策**（中間目的を実現するための具体的な行動）→**廟算八要素**（人材、予算、スケジュールなど所与のリソース・環境）

最初に書くプ譜は、「こうなったらうまく進むのではないか？」という自分なりの仮説です。正解を書かなければいけないというものではないので、あまり構えず書きましょう。

最初に書くのは**「獲得目標」**と**「勝利条件」**です。みなさんには何らかプロジェクトの目標があるはずですが、それが「どうなっていたら成功と言えるか」という評価指標・判断基準が「勝利条件」です。一人ひとりが自分なりのプロジェクトの進め方を書く「my project」では、プロジェクトの獲得目標は同じものにして、勝利条件は各々のメンバーが考えて書くようにしてください。

獲得目標と勝利条件の表現の違いは、第2章で挙げた事例であればこのような関係になります。

- アパレルショップのバックヤードオペレーション改革プロジェクト
獲得目標：ブラックフライデーの販売ロスを減らし、売上を最大化する
勝利条件：バックヤードが今日入ったスタッフでも探しやすく、稼働時間が少ないスタッフでも理解できる状態になっている

- なんで？カメラ開発プロジェクト

獲得目標：なんで？カメラのプロトタイプを開発する
勝利条件：なんで？と感じたものをすぐに撮影し、撮ったらクラウドに飛ばして保存され、親がスマホで写真を見る

他にも以下のような獲得目標と勝利条件例があります。

- 生命保険会社の社内エンゲージメント向上プロジェクト
獲得目標：デジタルチャネルを活用して社内エンゲージメントを向上させる
勝利条件：他の部門の人が何をやっているかがわかり、存在をより身近に感じる
- 防災用品の通販会社の動画活用プロジェクト
獲得目標：社員が防災用品を動画で紹介し、ＳＮＳで発信する
勝利条件：単価の低い文具を扱う店というイメージを払拭する
- SaaSベンダーのインサイドセールス立ち上げプロジェクト
獲得目標：見込客との関係性を深める

勝利条件：いつでも見込客に電話ができるようになる

プ譜制作ワークショップを行うと、獲得目標と勝利条件が同じものになってしまう人がいます。これはまだ自分のなかで「どうなったら成功と言えるか」という定義ができていないために起こることです。与えられた目標があいまいであるほど、いくつもの勝利条件が存在する可能性があります。上述のアパレルブランドの例では、当初二つの勝利条件がありました。

A．バックヤードが今日入ったスタッフでも探しやすい状態になっている
B．稼働時間が少ないスタッフにも理解ができるバックヤードの環境ができている

勝利条件をどう定義するかで、プロジェクトのプランが変わってしまうことは既に述べました。考え得る勝利条件の数だけ割けるリソースがあるならすべての勝利条件を目指せば良いですが、現実的にそのようなことは不可能です。勝利条件を選択するということは、優先順位をつけて、何かをあきらめるということです。

そのため、まずは自分がもっともらしいと思える、こうやって進めたいという理想の状

態をイメージして、ひとつの勝利条件を設定してください。このとき、勝利条件はできるだけ主体的・能動的に書いてください。自分たち以外の力で勝利条件が実現されるような、受動的な表現ではなく、自分たちが実現するのだという意思を表明してほしいのです。

自分の勝利条件が適切でなかったらどうしよう……と心配することはありません。自分でプ譜を書いた後は、次の「your project」の段階で、他のプロジェクトメンバーが書いたプ譜を共有しながら、より良い勝利条件の表現を検討すれば良いのです。

獲得目標と勝利条件が書けたら、次は**「中間目的」**です。

中間目的とは勝利条件を実現するために、「自分たちの組織がどうあるべきか」「製品の機能がどうあるべきか」「サービス提供のオペレーションがどうあるべきか」「販売パートナーのリテラシーがどうあるべきか」といった〝あるべき状態〟のことです。中間目的にはいろいろなとらえ方があります。

- 勝利条件を達成するために細分化された目的
- ここを押さえればプロジェクトが進んでいくと思えるツボ
- ＣＳＦ（Critical Success Factor：主要成功要因）

●ＫＲＩ（Key Result Indicator：重要結果指標）

いずれのとらえ方であっても、中間目的は現在と目標の間をつなぐ〝足場〟となります。目標達成に向けて、「イベントをしよう」「この機能を実装しよう」「他社もやっているから」などと、いきなり行動を起こすことがよくあります。「これをやれば、必ずこうなる」という入力と出力の関係が明らかであれば構いませんが、あなたが進めているのはそんな見通しの良いプロジェクトでしょうか？　入力と出力の関係が明らかであれば、同じ結果になるはずです。となると、それはプロジェクトというよりルーティンワークです。未知で不確実性が高いプロジェクトでは入力と出力の因果関係が明らかではありません。そのため、入力と出力の間に、いったんいくつかの足場を作るのです。

筆者はこれまでトヨタのソーシャルモビリティ開発、ホンダのＡＩを活用した物流プロセス改善、キヤノンマーケティングジャパンの新製品マーケティング、メットライフ生命のエンプロイーエンゲージメント向上、ポーラのブランドリニューアル、テレビ朝日の４Ｋによる深海３０００ｍ撮影など、様々なプロジェクトを譜に書き起こすインタビューを行ってきましたが、成功しているプロマネ達は、一様にあるべき状態の設定が優れています。あるべき状態を定めて、プロジェクトメンバーの力と注意をそこに集中させるのがうまいのです。

プ譜の制作ワークショップでよくある質問のひとつに、中間目的の定量・定性・表現に関するものがあります。定量的とは数値で表現するもの。定性的とは数値では表しにくい、内面的・性質的・抽象的なものを表現するものです。プロジェクト開始前に書くプ譜の中間目的は、定性的な表現をした後に、その状態を明確な基準で測定することができるなら、定量的な表現を加えるという流れが良いです。勝利条件と同じく、バックヤードオペレーション改革プロジェクトと、なんで?カメラの中間目的を例示します。

●アパレルショップのバックヤードオペレーション改革プロジェクト

獲得目標：ブラックフライデーの販売ロスを減らし、売上を最大化する

勝利条件：バックヤードが今日入ったスタッフでも探しやすく、稼働時間が少ないスタッフでも理解できる状態になっている

中間目的：

a．バックヤードのルール、プロセスが可視化できているべき

b．コアアイテムが、バックヤードで可視化されているべき

c. コアアイテムが、一定の場所にしまわれているべき

●なんで?カメラ開発プロジェクト

獲得目標：なんで?カメラのプロトタイプを開発する

勝利条件：なんで? と感じたものをすぐに撮影し、撮ったらクラウドに飛ばして保存され、親がスマホで写真を見る

中間目的：

a. 子どもが楽しんで使いたくなり、かつ扱いやすい形状をしているべき

b. 最低限の機能だけが実装されているべき

c. 使用上の子どもの安全性が最低限担保されているべき

これらの中間目的は、定量的には表現しにくいものです。プロジェクトではKPIを求められることが多々ありますが、無理に定量的に表現することに固執しないでください。未知で不確実なプロジェクトでは、定量的な指標がまだ確立されていなかったり、立てた指標自体が間違っていたりする可能性が高いです。また、この時点で書く中間目的はなるべく多く出すことを意識してください。どんな〝あるべき状態〟がプロジェクトにとって

重要なのかがまだ不明確であれば、選択肢はなるべく豊富に出したほうが良いためです。

いくつか中間目的が出たら、それを実現するための具体的な行動を書きます。これがプ譜の**「施策」**にあたります。施策が実行されなければプロジェクトは永遠にスタートしません。プ譜は全体像の把握には優れていますが、個々の施策を、誰が、いつ、どのように行うかといった手順までを書き込むスペースが限られています。そのため、別途タスクリストやスケジュール表、個々の手順書が必要であればそれらを制作するようにしてください。プ譜では、どの施策が、どの中間目的にひもづいているかがわかれば十分です。

勝利条件、中間目的、施策が書けたら、それらを線でつないでいきます。プ譜は最終的な目標から逆算して書くため、ここまでに書かれているのは理想のプロジェクトの進め方です。ただ、理想であるがゆえに、メンバーの今の能力やスケジュール次第では、実行できない施策があるかもしれません。そこで、自分たちに与えられたリソースや置かれている環境を把握しておくことが必要です。このリソースや環境のことを**「廟算八要素」**と言います。廟算八要素は以下の項目があります。

1．メンバー／人材
誰がこのプロジェクトのチームメンバーか？
誰がこのプロジェクトを助けてくれる関与者か？
どのようなスキル、知識を持った人がチームにいるか？

2．予算
与えられている予算
今の予算で十分か？ 追加できるか？

3．納期／リードタイム
与えられている期間は十分か？
どこまでなら実行できるか？

4．クオリティ※
自分たちが他者より優位なものごとは何か？
ユーザーに約束するものは何か？

5. ビジネスモデル※
どのようにしてお金を儲けるか？ お金の流れを作るか？

6. 環境
社内・組織のカルチャーは？ 雰囲気は？
プロジェクトが関わるテーマの人々の価値観は？
世の中のトレンドは？

7. 競合
どんな競合がいるか？

8. 外敵
社内にプロジェクトの障害となる人物はいないか？
自分自身にプロジェクトを邪魔する価値観や思いこみはないか？

※「クオリティ」「ビジネスモデル」は前著『予定通り進まないプロジェクトの進め方』では「品質」「技術」としていましたが、実際にプロジェクトに適用する中で、より使いやすい項目となるようバージョンアップした表現となっております。

目的は想像の中に存在しています。そのため、いくらでも考えを膨らませることができます。しかし使える時間や資金は有限です。何かをやり遂げたいなら、目的とリソースが釣り合っていなければいけません。廟算八要素は、理想的なプランを実行する際の、ある種の制約・拘束条件です。「制約」「拘束」という言葉には、「束縛される」「自由を奪われる」といったネガティブなイメージがあります。しかし、数ある施策をすべて実行しようとすると、膨大な時間とコストがかかってしまいます。そのため、廟算八要素からできること、できそうなことを絞り込むことで、実行しなくてすむ施策を除くことができます。これによって、限られたリソースを集中させることができるようになるのです。

一人ひとりがプ譜を書く「my project」の段階では、廟算八要素は厳密なものでなくても構いません。書ける項目だけを書けば良いです。他のプロジェクトメンバーやステークホルダーが書くプ譜を知り、自分のプ譜を他者に説明する「your project」の段階で、自分が知らない情報や見落としていることを知ることができます。また、自分は「人材」と思っていなかった人を、他者は「人材」ととらえていたり、自分が「外敵」だと思っている人を、他者は「人材」ととらえていたりすることもあります。

ここまでは自分が考える「こうすればプロジェクトは成功するんじゃないか」という仮

説です。自分がプロジェクトオーナーであっても、会社員でプロジェクトを与えられたとしても、誰しも明確に「こうすれば絶対に成功する」というプランを描くことはできません。筆者はプ譜のワークショップに参加した、あるエネルギー関連企業のファシリティマネジメント担当者の言ったことが忘れられません。「これまで設備建設のための用地しか持っていなかったところ、余分な用地を住宅などに用途を広げ、新しい事業にせよというプロジェクトがふってきた。でも、自社にはその経験がなく、用地をどう使うべきかという指示は明確におりてこなくて困っている」と。プロジェクトは未知の要素が多いほど、くだされたプロジェクトを、このように進めよという具体的なプランは明示されません。誰も正解を持っていないのです。だからまずは自分で考える。こうすればうまくいきそうだという仮説を描いてみることが必要なのです。

次は、プロジェクトメンバーに自分が考えた仮説を説明するとともに、他者の仮説を聞く「your project」に進みます。

3-4

他者の進め方を知り、他者を理解する「your project」

一人ひとりがプ譜を書けるようになったら、次はプロジェクトメンバーがそれぞれのメンバーに自分が書いたプ譜を相互に説明し合う「your project」のステップに進みます。

互いのプ譜を説明し合う「your project」の目的は大きく以下の三つです。

- プロジェクトメンバーの知識や意見の多様性（違い）を表出させる
- 自分とは異なる問題のとらえ方や自分が見通せていなかった展開、見落としていたリスクなどを知る
- メンバーの経験や知識、ものの話し方、聞く態度などを知ることで、メンバー間の相互理解を促す

プロジェクトのキックオフミーティングでは、製品やサービス開発、地域活性など対象がなんであれ、色々なアイデアを出すためにブレインストーミングを行うことが多いのではないでしょうか。ブレインストーミングは適切に運用すれば、様々なアイデアや視点を獲得できると思います。しかし、筆者はそこで出てきたアイデアを実際の活動に落とし込む方法を寡聞にして知りません。また、役職の高い人や声の大きい人の意見や思いつきに流される恐れもあります。より良く運用する方法はその他の良書に譲り、ここではプ譜を使って、各々のメンバーのプランやアイデアをうまく共有して取り込んでいく方法に集中します。

プロジェクト開始前の合意形成フェーズでは、まず「my project」のステップで、一人ひとりのメンバーが、「こうすれば成功するのではないか」と思えるプロジェクトの進め方をプ譜で書きます。一人ひとりがプ譜を書くには理由があります。先のブレインストーミングと同じことになりますが、メンバー全員が集まって統一されたプ譜を作ろうとすると、役職の高い人や声の大きい人の悪い影響を受けてしまう可能性があります。プ譜のワークショップでも、プロマネやプロジェクトオーナーが、「どんどんアイデアを出していこうよ！」とはっぱをかける光景を何度も目にしてきましたが、各メンバーが意見を出しても、マネージャーやオーナーの過去の経験や好みなどから、反対・否定されたり疑問を呈されたりすると、主体的に自ら意見を出そうとする人がいなくなってしまいます。そのため、まずはメンバーが誰にも邪魔されない環境で、ひとりでプ譜を書くのです。

何が正解かわからないプロジェクトでは、メンバーの多様な経験や知識が頼りです。それを同じく正解を持っていない人物によって潰されてしまうのはとてももったいないことです。損失です。

「議題について討論する前に、出席者全員に前もって自分の意見を簡単にまとめて提出してもらう。こうしておけば、グループ間の知識や意見の多様性を活かすことができる」

これは、ノーベル経済学賞を受賞した心理学者、行動経済学者のダニエル・カーネマンが提唱している組織学習の方法です。知らないことを知っているという状態に対処する最善の戦略は、チームの多様性を広げること、すなわち、チームメンバー一人ひとりの考え・経験を活用することです。「your project」ではこのメンバーの知識や意見の多様性を場に出すことを目的とします。

では、「your project」の進め方を説明します。まず、みなさんのプロジェクトチームを構成する属性、人数と、このステップにかけられる時間を確認してください。このステップでどのくらいの時間を確保できるかによりますが、2～4人の小グループを作ります。グループを作るときの属性は、例えば営業、開発、マーケティングといった複数の属性から数名ずつ参加していれば、営業と開発、営業とマーケティングというふうに、異なる属性でグループを作ってください。これは第2章のシューズブランドの事例でも紹介した、異なる部署から参加していると、属する部署によって重視することや利害が異なり、それに気づかないままでいると、プロジェクトを進める上での障害になるからです。プロジェクトを開始する前段階でこの違いに気づくことが重要です。

開発プロジェクトなどで、メンバーがほぼ開発メンバーという場合は、なるだけ自分とは業務領域が遠い人とグループを作るようにします。ひとりの持ち時間は20分前後にして、話し手と聞き手に分かれて、互いのプ譜を説明します。説明後は互いのプ譜に対してフィードバックを行います。ペアであれば所要時間は40分。3人グループであれば60分かかります。説明する順番は、勝利条件→中間目的→施策→廟算八要素です（獲得目標は同一のもののはずなので割愛してよいです）。

話し手と聞き手は、それぞれ以下の点に注意してください。

話し手

- 相手が見やすいように自分が書いたプ譜の向きを整える
- うまく説明できなくても焦らない
- あれこれ言い訳しながら説明しない（この時点で正しい進め方は見通せないので、自信がなくて当たり前）

プ譜は書けたのに、いざ説明しようと口に出すと、ツジツマが合っていないと自覚することがあります。それはあなたの書き方が悪いのではありません。頭のなかのものをそのまま口に出すことと、頭のなかのものを紙に書き出して、それを口で説明することは別のスキルです。複数のメンバーが関与するプロジェクトでは情報共有や議論を、声も文字も使って行います。「your project」はこのトレーニングだと思ってください。また、同じプロジェクトの目標を自分なりに解釈して考え出したことを他者に伝えるのは、メンタリングの世界で「プロテジェ効果」（※プロテジェとは「支援を受ける立場の人」を指します）と呼ばれる効果が期待できます。これは、あるテーマについて人に教えることで、そのテーマの何が重要かを明確にし、自分の言葉に直すことによって、知識を深めるというものです。人に自分の考えを教えるにはメタ認知も必要になるため、説明をしながら自分の考え

図７：感想戦用メモ用紙　メモは話し手へのプレゼントであり、メモを記述することは、あなた自身の話を聞き、記述することの訓練になります。

記述のルール
①相手の話をじっと聞いてメモをします（メモする内容は、疑問に感じたこと、違和感を覚えたこと、印象に残った言葉、話し手のこだわりや意志の強さを感じたワードなど。
②メモ用紙を相手にプレゼントします。相手はそのメモを見て、最も気になったこと、聞きたいことを、メモした相手に質問します。

廟算八要素	施　策	中間目的	勝利条件

をとらえなおすことにもつながります。不完全だと感じても大丈夫。この後に相手から得られるフィードバックで、ともにプ譜をアップデートすればいいのです。

聞き手
- 話し手の説明中は口を挟まない
- プロジェクトの進め方としてツジツマが合っていないと感じたり、疑問を感じたりしたら、些細なことでもメモをする
- アサーティブ（相手の気持ちや立場を尊重する）な態度で聞く
（話し手が書いたプ譜は、その人の様々な経験や立場、部署の利害などを反映していることを理解する）

話している最中に口を挟まず、メモをするのには理由があります。一つひとつの中間目的や施策にアドバイスや意見を述べると、話の内容が各論になってしまいがちですが、本来の目的は相手のプロジェクトの進め方を知ることです。まずは黙って聞きましょう。プ譜のワークショップでは図7のような質問シートを使い、自分が気になったところ（ツジツマが合っていない、ここに拘っているのだなといった気づき、感想）を書き込んでいきます。

先行きが不透明なプロジェクトでは、どんな些細なことがプロジェクトの炎上要因になったり、プロジェクトの膠着状態を打破したりすることになるかがわかりません。ここでは、大局的な視点を持つための訓練として、聞き手の役割をこなしてください。

また、聞く能力と反応する能力は、効果的な人間関係を作る基本的スキルです。自分の話を聞き流したり、一つひとつのことに自分のわずかな経験や知識から反対をしたり、アドバイスという名のマウンティングをしにきたりする人に、あなたは主体的にかかわりたい、話しかけたいと思えるでしょうか？

互いの説明が終わったら、自分が聞き手役になったときのメモを参考に、プ譜の**「フィードバック」**を交互に行います。

フィードバックを行うときの注意点は、この時点で互いのプ譜の表現は異なっていて当たり前という意識を持つことです。自分とは異なる部署や役職、社歴の長短、様々な業務体験の違いなど、自分とは〝遠い〟人であるほど、プ譜の表現が自分とは違うものになっているはずです。これを「対立」ととらえる必要はありません。異なる経験・知識を持つ人間による表現の違いであり、自分にはなかった視点を提供してくれている、歓迎すべきことととらえてください。

過去のプ譜制作ワークショップでわかったことでもあり、また第2章の事例で紹介したことでもありますが、チームに与えられたプロジェクトの目標は同じでも、一人ひとりが書くプ譜の勝利条件は、てんでバラバラということがよくあります。企業研修やコンサルなどで行うプ譜のワークショップの現場では、「なんて書いた？」とメンバーの勝利条件を覗き込むリーダーがよくいます。チラ見をガマンしてもらい、できあがったプ譜を「せーの」で見せると、メンバーの異なる勝利条件を見て、自分がまったくチームの意思を統一できていなかったことに愕然とします。

勝利条件が異なれば、それに続く中間目的や施策の姿もまったく違ったものになります。しかしそれは、プロジェクトの開始前であれば、異なるプ譜の数だけ、プロジェクトの進め方の可能性や打ち手を豊かにしてくれます。複雑な意思決定を、単一の尺度だけで行うことは困難です。けして悲観することではありません。

また、プロジェクトの進行を妨げるものは、情報や資源の不足、不確実性などに限りません。自分自身の固定概念・成功体験・思いこみもその要因になります。しかし私たちはそうした固定概念や思いこみに意識的になることが得意ではありません。無意識に備わってしまっている物事をとらえるフレームを、自分ではずしたり壊したりすることは困難です。そのため、他者の目を使ってリフレーミングすることが効果的なのです。

ちなみに、「your project」はプ譜のワークショップでは「感想戦」という呼び名を使って行っています。感想戦とは将棋のプロ棋士が、対局が終了したあとに、互いの手を振返り、急所の局面での狙いを開示し、もしこの展開を選んでいたら、どうなっていたかを探り合う「打ち合わせ」のことを言います。プ譜の感想戦はこれに習い、自分自身の固定概念によって作ったプランに、他者の視点を持ち込むことで、新たな気づきを得ることを狙っています。人が絶対にできないことは、自分では思いつかないリストを作ることです。ぜひこの「your project」のステップで、プロジェクトを進めるための豊かな選択肢を手に入れてください。

小グループでのフィードバックが終わったら、以下のいずれかの方法でプ譜を**「アップデート」**していきます。

- 一人ひとりのプ譜をアップデートする
- グループでひとつのプ譜を作る

プロジェクトメンバー全体の人数が少なければ前者で。プロジェクトメンバーが多ければ後者をお勧めします。後者の場合の方法は、「your project」の次のフェーズ「our project」と同じになるため、後ほど詳述します。

自分でプロジェクトの進め方を考え、他者の進め方とその背景にあるものを知り、理解をする。他者のフィードバックを得て、互いの進め方を精緻化するところまで来ました。今、この状態は、個々のメンバーが考えた多様なプロジェクトの進め方が共存並立している状態です。この多様な意見が共存している状態を、合意形成プロセスでは「アコモデーション（accommodation）」と言います。

プロジェクト開始前のフェーズでは、プロジェクトにかかわる全員が同じ方向を見ていません。プロジェクトのために集められたメンバーは、それぞれの価値観・経験・しがらみなどから、共通の目標や問題を異なって知覚しています。この知覚しているものがそれぞれの頭の中で閉じられている状態でプロジェクトを進めることが、メンバー間の紛争の種になり、プロジェクトの停滞や炎上の原因になります。

一人ひとりのメンバーが異なるプロジェクトの進め方のイメージを持っている（なかには何のイメージもない人もいます）だけでは、アコモデーションとは言えません。一人ひとりが自分の考えるプロジェクトの進め方をプ譜で外在化し、メンバーのプ譜も知ることで、様々な意見や価値観が並立しながら、それぞれが他を受け入れているアコモデーションの状態になることができます。この互いのプ譜を共有する過程でメンバー間の対話とコミュニケーションも促します。

さぁそれでは、アコモデーションから、意見の一致であるコンセンサスへ向かう、「our project」に向かいましょう。

3-5

全員の合意を得て、進め方のイメージを統一する「our project」

「our project」のゴールは、「your project」で作り出した、多様な意見や考えが共存並立しているアコモデーションから、全員の合意を得て、プロジェクトの進め方のイメージを統一することです。

プロジェクトメンバーはみな異なる経験や価値観などがあります。そうしたものまでを統一するということではなく、各人が最善のものと思わなくても、実行にあたって「このプランならいけそうだ」と支持ができるものを作り上げる。そして、「ともにプロジェクトを進めよう」という状態にし、誰が何を担い、いつ着手するか、までを決められれば上々。ここで制作するプ譜は、ある意味メンバーの合意文書にもなります。メンバー全員が、この進め方でいこうと腹落ちできるプランにしていくための手順は以下のようになります。

1. 各々のメンバーが書いたプ譜を全員が見える状態にして発表する
2. それぞれのプ譜の「フェーズ」と「粒度」を仕分けする
3. 全員が最も相応しいと思える勝利条件を設定する
4. 勝利条件を設定したら、中間目的、施策、廟算八要素の順に、プ譜を書く
5. それぞれの中間目的と施策に、権限と責任を付与する
6. タスクリスト、スケジュール表などがあれば、いつ着手するかを明記する

1. 各々のメンバーが書いたプ譜を全員が見える状態にして発表する

まず、「your project」でアップデートしたプ譜を、A3大（あるいはもっと大きいサイズ）の紙で掲示、もしくはパワーポイントなどにまとめてプロジェクターで投影します。遠隔参加メンバーがいれば、ビデオミーティングツールやGoogleスライドなどのオンラインツールを使用してください。

メンバーが少なければ「ポスターツアー」がお勧めです。ポスターツアーとはアクティ

図８

発表時、必ずプ譜を掲示・投影して見せる

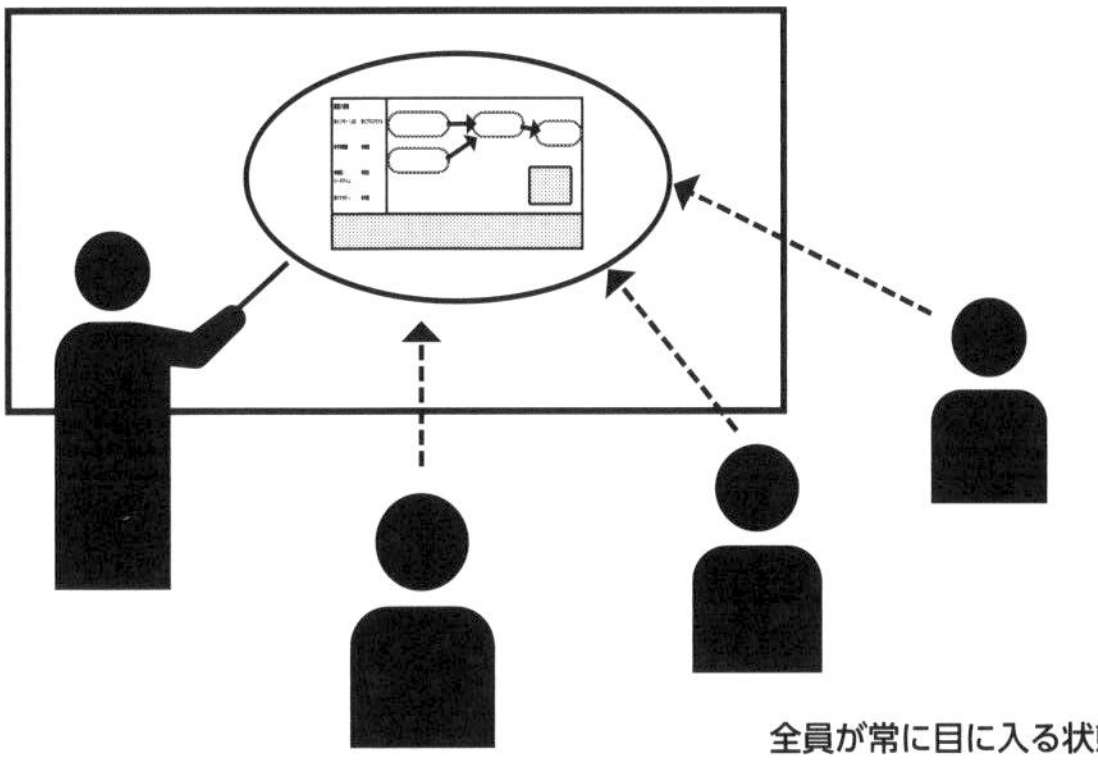

全員が常に目に入る状態にしておく

ブラーニングなどでよく使われている方法です。各グループ・各人が模造紙などの大きな紙1枚に学習内容などをわかりやすくまとめ、制作したポスターを壁などに貼り出します。そして、メンバー全員で各ポスターを見て回り（ツアーする）、自分が制作したポスターの前に来たら、ツアコンとして自分のポスターについて説明するというものです。このポスターにあたるものがプ譜です。

紙を使えない、使いたくない場合は、プロジェクターで投影しますが、ポスターツアーのように全員のプ譜が見渡せるようにはできません。各人が自分のプ譜をパワーポイントなどで制作したもの、もしくは紙で制作したものを写真やPDFで集めます。人数が少なければ一人ひとりがプ譜を発表。人数が多い場合は勝利条件だけを発表します。

2．それぞれのプ譜の「フェーズ」と「粒度」を仕分けする

掲示・投影されたプ譜を見渡すと、様々な勝利条件が表現されています。ただ、人によってプ譜に現れる「粒度」が異なっているはずです。これは、プロジェクトにかかわる人の役職や担当している業務や責任などの違いによるものです。

ある会社が社内新規事業で立ち上げたｗｅｂサービス開発プロジェクトを例に取りましょう。獲得目標は「新サービスのリリース」です。このプロジェクトでは、マネージャーの他、上司にあたる役員、マネージャーと同じチームの開発メンバーたちがそれぞれプ譜を書きました。そうすると、獲得目標に対し、下記のように勝利条件が異なってきます。

- マネージャー：サービスを買いたくなるターゲット層が明確になっていれば成功
- 役員：サービスを売りたくなる販売代理店を獲得できていれば成功
- 開発メンバー：サービスをリリースし、不具合なく稼働していれば成功

この勝利条件からプ譜を書けば、当然描かれるプランは変わってきます。サービスを不具合なく稼働させるようにするだけでも1枚のプ譜ができあがりますし、できあがったサービスを宣伝して販売代理店を獲得するだけでも1枚のプ譜ができあがります。そして、

これらのプ譜は業務の流れや粒度が異なっています。業務の流れが異なるというのは、サービス開発が先にあって、その後にターゲット層が明確になり、その実績を以て販売代理店を獲得する、というように、着手する「フェーズ」が異なることを言います。

粒度が異なるというのは、このサービスを事業として大きく育てたい役員と、サービスを不具合なく稼働させたい開発メンバーとでは、見ている問題のサイズが異なる、というものです。これは階層という言葉でも、組織活動の課題としてよく出てくる「フレーミング」という言葉でとらえていただいてもいいです。

社長や役員のような人物は全体を対象に。各担当者はより特化した個別のものを対象に、自らのフレームを持ちます。それぞれの立場にそれぞれのフレームを持つのは自然なことですが、大事なのはそれぞれのフレームが最終的なプロジェクトの目標に対して、ツジツマが合っているか。個別の小さなフレームが、大きなフレームの中で有機的につながっているかです。

こうした業務の流れやサイズの異なる問題について前著では触れていませんでしたが、ワークショップやプロジェクトの現場での経験をふまえ、以下のように対応することができます。

図9：フェーズの仕分け

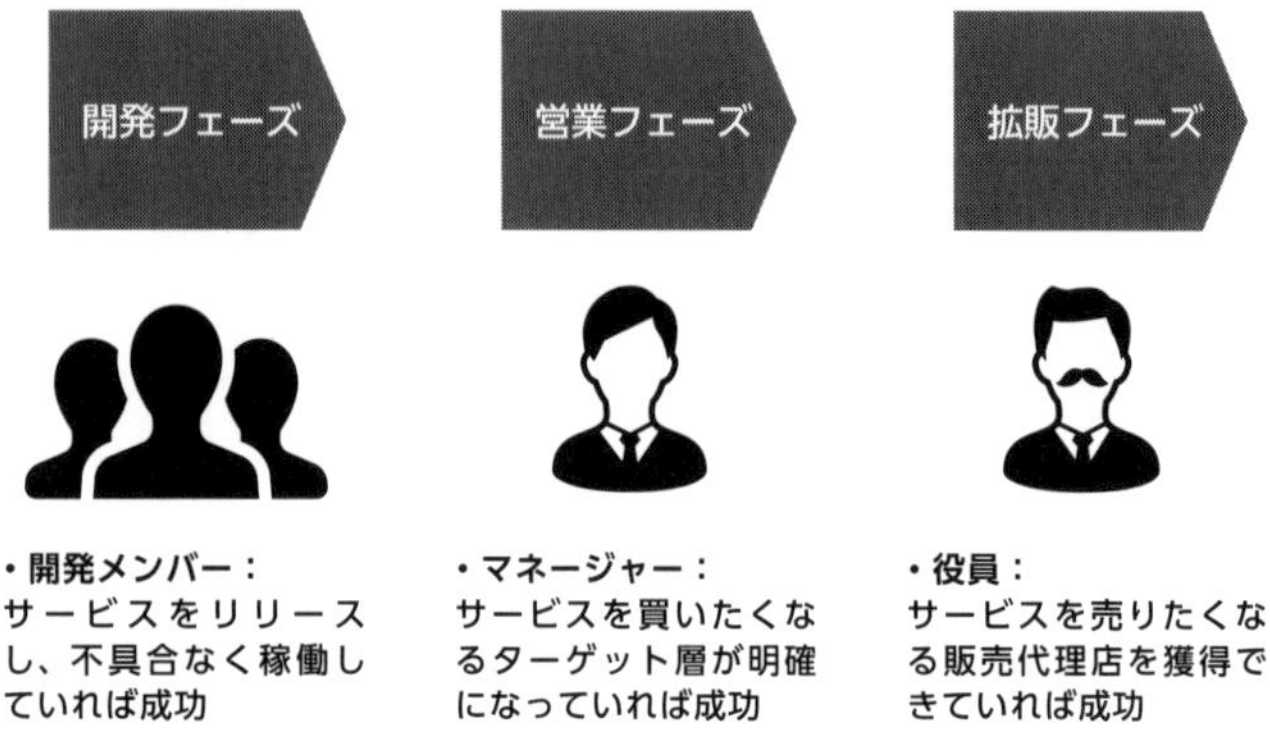
開発フェーズ
営業フェーズ
拡販フェーズ
・開発メンバー：
サービスをリリースし、不具合なく稼働していれば成功
・マネージャー：
サービスを買いたくなるターゲット層が明確になっていれば成功
・役員：
サービスを売りたくなる販売代理店を獲得できていれば成功

A．フェーズごとに分ける
B．入れ子構造で表現する

フェーズでプ譜を分けるのは、上図のようなイメージになります。

サービスの開発フェーズで1枚、見込客を明確にしていくフェーズで1枚というふうにこの方法だとプロジェクトを進める手順は明確ですが、最終的な目標に近づけているかということがわかりにくく、一つひとつのフェーズが終わらないと次のフェーズに移れないような印象を持ってしまいます。実際のプロジェクトは誰かの仕事が終わって、それを待ってから次の仕事を行うというような、単線の各駅停車ではありません。もっと並行的に、様々な仕事が動いています。こんな進め方

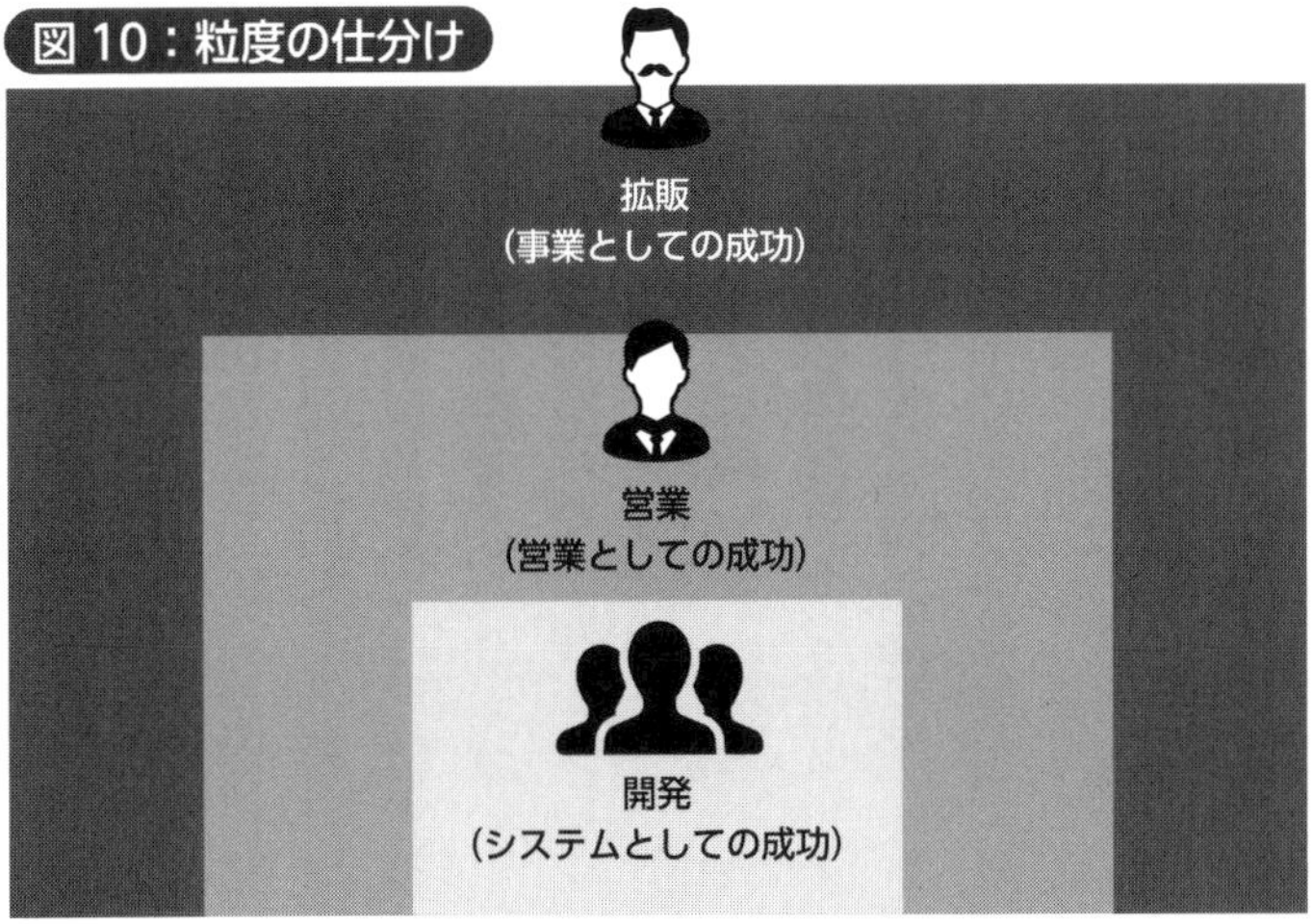

では遅いのです。そうした動きに対応するのがBの「入れ子構造で表現する」方法です。

図10をご覧ください。開発メンバーが書くプ譜は、マネージャーが書いたプ譜の「部分」になっていることがおわかりいただけるでしょうか。

大局的なプ譜を書けば、それを構成する中間目的や施策がありますが、個々の中間目的や施策もまたそれぞれのプ譜を持ち得ます。そして、そこで書かれているプ譜を構成する中間目的や施策もプ譜を……というふうに幾層にもプ譜を入れ子構造で表現することができます。

こうした幾層にも表現できるプ譜は、そのままプロジェクトにかかわる業務の幅や深さを意味しますが、こうした関連する業務の一つひとつをマネージャーや役員など経営サイドの人々は知るべ

図11

入れ子構造

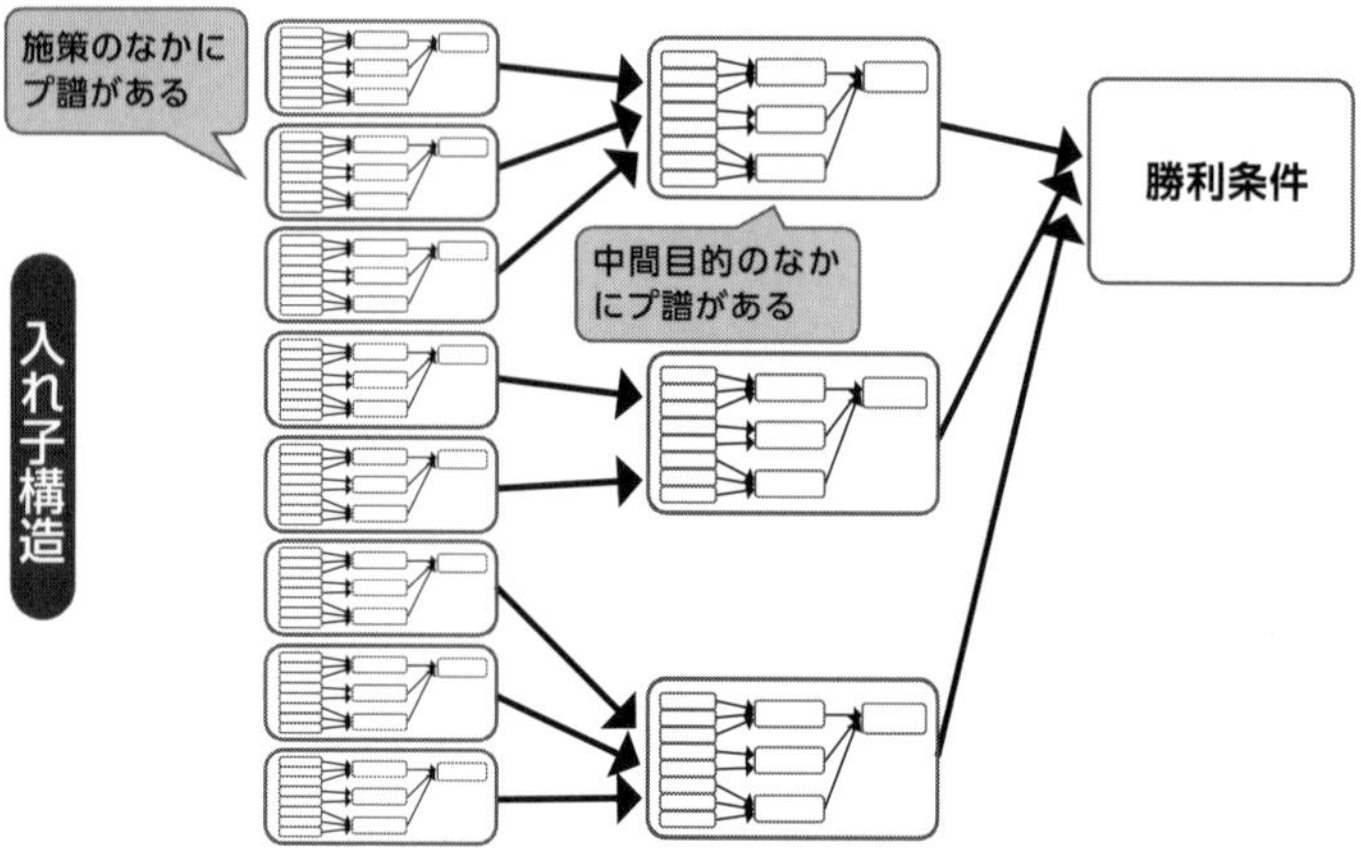

きでしょうか？　極端な話、役員やマネージャーからすればサービスがどのように設計されているか、その作業の手順などを細かく逐一管理しなくても大きな問題はありません。管理しようにも、そうした専門知識を持っていないことのほうが多いのではないでしょうか。そうした場合、マイクロマネジメントを行うことはそもそも不可能ですし、どのような進め方が正しいかわからないプロジェクトでは、最初からマニュアルプランを作って、それを管理しようとする考え方自体が間違っています。実際に進めてみて、当初考えていた機能の実装が難しかったり、予定していた技術ではなく、他の技術を使ったほうがうまくいくことがわかった、というようなことはザラです。

　この事例でいえば、マネージャーはプロジェクトの獲得目標を実現するための〝あるべきシステムの状態〟と、その全体的な進め方が書かれたプ譜を開発メンバーと握っておけば良い、ということになります。開発メンバーの立場に移れば、プ譜に書いた大よその進め方でマネージャーと合意できれば、あとは自分の裁量で開発を進めるだけです。

プ譜は紙1枚で表現し、誰もが書きやすく、見やすいことを重視しているため、勝利条件、中間目的、施策の3ラインしか設けず、なるだけ情報量が増えないようにしています。プ譜のワークショップでは、3ラインではうまく吸収できず、もう1～2ライン追加していいかと質問されることがあります。1ライン追加して情報を摂取するコストがメンバーの負担にならなければそれでもかまいませんが、何ラインも追加していくと、プ譜で書かれるツリーの枝が膨大なものになってしまいます。そうした煩雑性を回避するため、入れ子構造を用いて、新しいプ譜を書くことをお勧めします。

入れ子構造を採用したプ譜は、紙で表現するのが難しいです。そこで筆者が利用しているのがGoogleスライドです。Googleスライドでプ譜を書くと、個々のテキストにリンクを貼ることができるので、全体のプ譜を見ながら、個々のプロジェクトがどのように進んでいるかをすぐに見に行くことができます。

ちなみに、全員でひとつのフェーズのプ譜を書きたい場合は、廟算八要素に書いたスケ

図12：マネージャーのプ譜に、それぞれのメンバーのプ譜のリンクを貼る

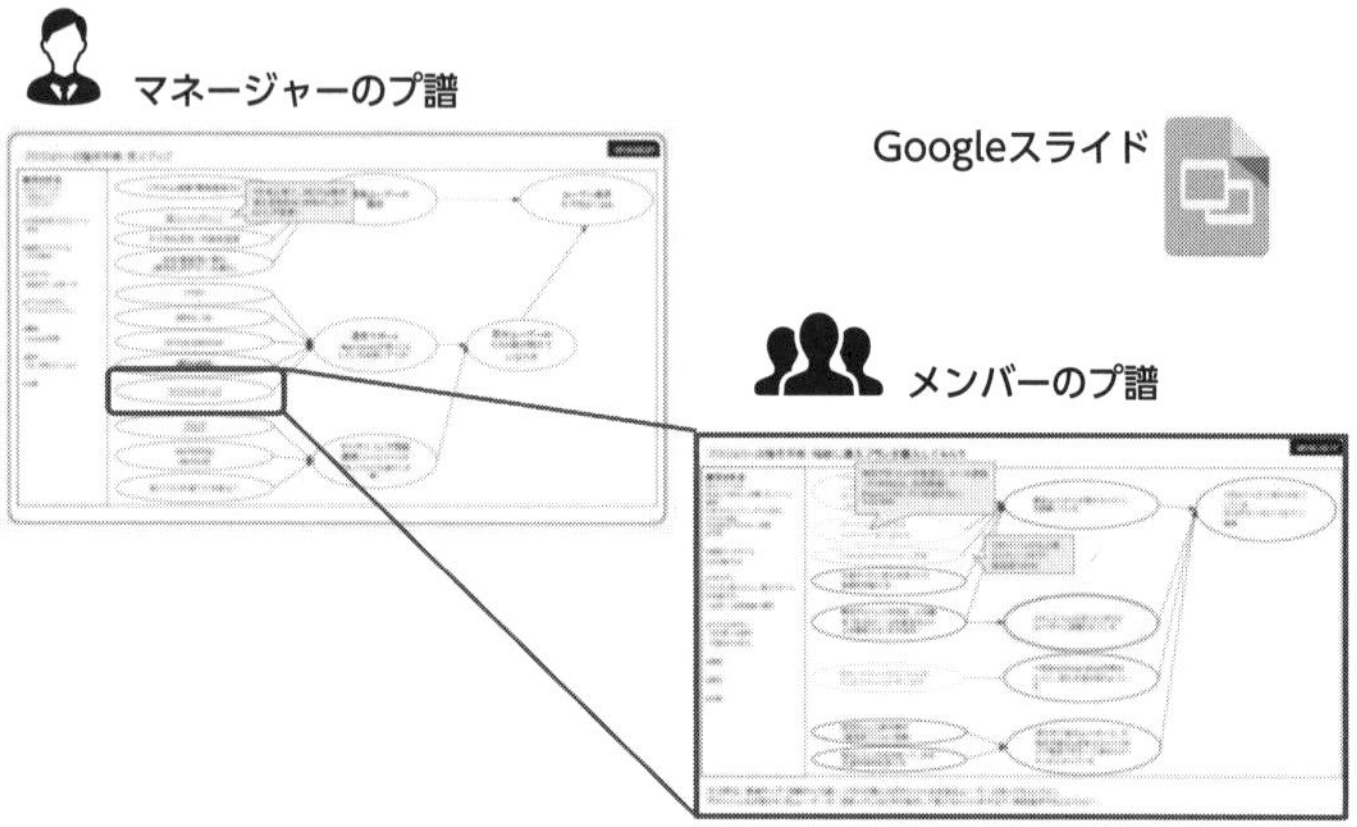

ジュールを統一し、「○○年度末までにどうなっていたいか」というプ譜を、個々に書くという方法もあります。以上のようにプ譜の粒度やフェーズを整理したら、次に行うのは最も重要な勝利条件の設定です。

3. 全員が最も相応しいと思える勝利条件を設定する

人によってプ譜で書く粒度が異なるという話をしてきましたが、ここで行うのはプロジェクトの進め方を把握するうえで、最も相応しいサイズのプ譜の勝利条件を決めることです。この章で取り上げているwebサービス開発プロジェクトであれば、開発メンバーが書くプ譜は、開発チームがあって一緒に作業するメンバーがいるなら、そのチームで勝利条件を決めればよく、そこに役員が出席していなければいけないことはありません。どうしても興味があるなら出席すれば良く、逆もまた然りです。

多くの様々な関与者が存在する場合は、それぞれの部署やチームのリーダーが出席し、そのリーダーたち全員が関与できる粒度のプ譜を書き、その勝利条件を設定することを目指します。その意味で、相応しいサイズのプ譜とは、プロマネが書くものになると考えます。

最も難しいのは、全員が腹落ちして、「これで進めていこう」と思える勝利条件を決めることです。第2章のシューズブランドのプロジェクトで紹介しましたが、部署横断的なプロジェクトでは、互いに重視する事柄や指標、価値観などが異なるため、最初から「これでいこう！」と、すんなり合意できる勝利条件を設定できません。プロマネやプロジェクトオーナーが「これでやれ」とトップダウンで設定することもできますが、プロジェクトの進行中に問題が発生した場合、チームメンバーのモチベーションやマネージャーの求心力の低下を招きます。プロジェクトは本質的に領域横断的で、ひとりで取り組んでもうまくいきません。複数のメンバーの協力が必要です。

こうした互いの思惑や利害を超えるための方法として、経営学者の野中郁次郎氏は、ホンダの「ワイガヤ」や京セラの「コンパ」、アジャイルの一種である「スクラム開発」を例に取り、「共感の場」を作ることが重要だと説いています。「なぜこのプロジェクトをやるのか？」「自分は（あなたは）この仕事を通じてどうなりたいのか？」といったことを突き詰めて、徹底的に議論し、互いの主観と共感を主客未分の状態にすることで、最終的に「一緒にやろう」と思える真の目標を作ろうというものです。この詳しい方法は野中氏の書籍にゆずり、ここでは対立を乗り越えてより良い勝利条件を導く**「弁証法」**と、**「評価指標を見直す方法」**について紹介します。

弁証法とは、古代ギリシャのソクラテスの時代にまでさかのぼることができますが、今日、弁証法と呼ばれるものは、ドイツの哲学者ヘーゲルが解釈したものを指すのが一般的です。

ヘーゲルの確立した弁証法は「テーゼ（正）」→「アンチテーゼ（反）」→「ジンテーゼ（合）」のプロセスで説明されます。

テーゼ（正）が提示される→テーゼと矛盾するアンチテーゼ（反）が提示される→テーゼとアンチテーゼの矛盾を解決するジンテーゼ（合）が提示される

図13

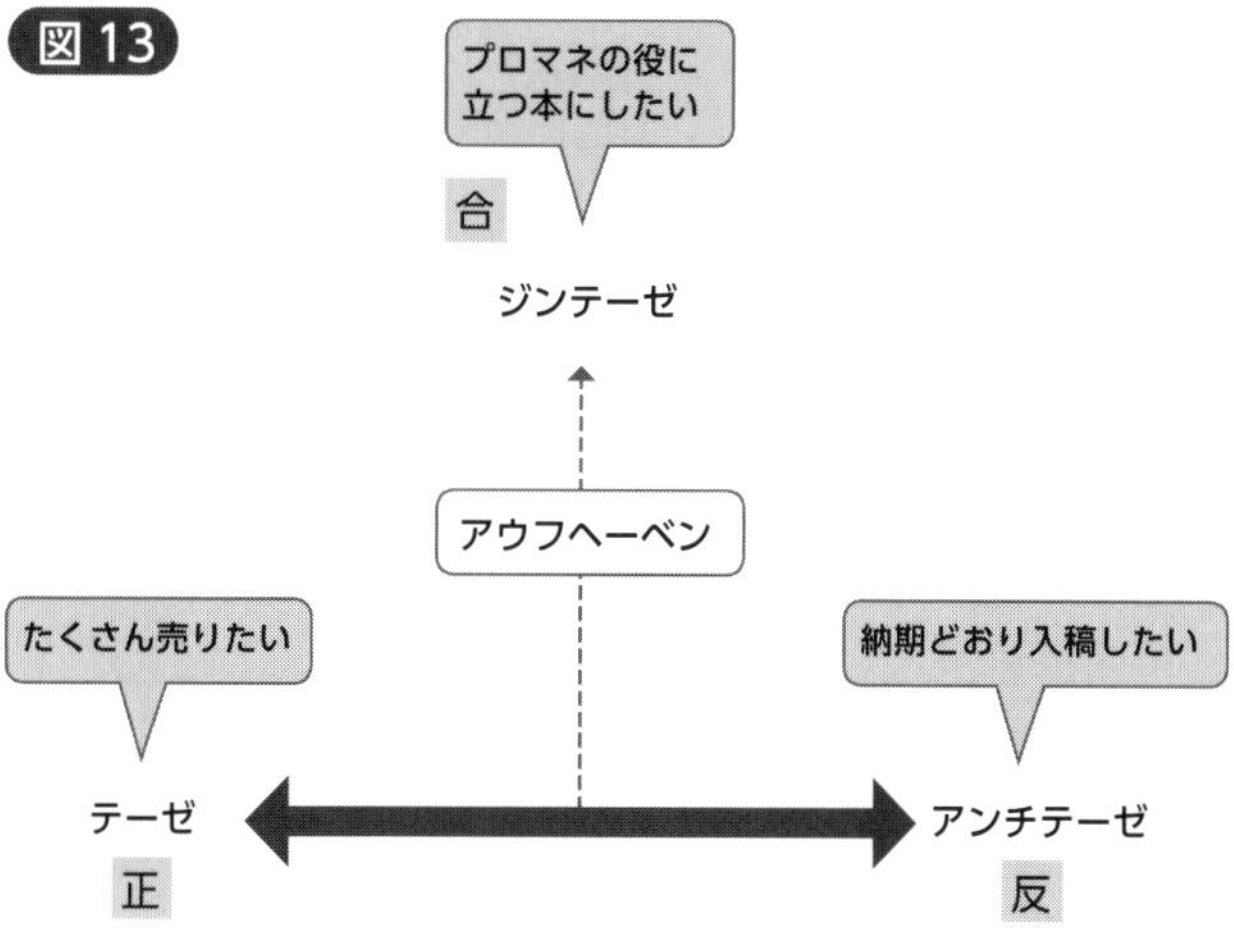

この「正」「反」の対立関係から、より高次の「合」が導かれることを、「アウフヘーベン（止揚）」と言います。この方法をプ譜に持ち込み、互いの利害を超える、高次の勝利条件を導き出すことができます。

一例を挙げましょう。前著を出版する際、筆者ら（後藤、前田）はそれぞれ異なる勝利条件を描いていました。前著の執筆はかなりタイトなスケジュールで行われたため、後藤は「締め切りまでに入稿する」ことを勝利条件に。一方前田は、「本がたくさん売れる」ことを勝利条件としていました。「本がたくさん売れる」ようにするために、前田はミニコラム欄を用意して、SNSに影響力を持つ人に寄稿を依頼するといった施策を思いつきます。しかしこうした施策は、「締め切りまでに入稿」しようとする後藤の勝利条件とは相容れません。原稿のトンマナやミニコラムを入れることで前後の章の原稿内容を調整するなど、作業が増えてしまうからです。後藤がスケジュールを重視したのは、版元にとって「年度内での出版」が重要な前提条件になっていると推測し、もし間に合わなかった場合、企画自体がお蔵入りになるかもしれないと恐れたからでした。この相容れない状態のままプロジェクトを進めようとすると、プロジェクトは停滞・炎上してしまいます。

それを乗り越えて設定した、より高次の勝利条件は、「世の中のプロジェクト進行に悩む人々のプロジェクトがうまく進むようになる」でした。筆者らにはそれぞれの事情や思惑があり、それをなぜ相手はわかってくれないのかという心理状態に陥っていましたが、「自分たちはなぜこの本を世に出したいのか?」「自分たちはこの本を出してどうなりたいのか?どんなことをしたいのか?」と問い直したときに出てきたのが、この表現だったのです。

筆者らはもともと書籍を出すことを目標に活動しておらず、偶然チャンスを得たにすぎませんでした。ふってわいたチャンスに、色々なことを考えましたが、このときは自分たちの活動の原点にさかのぼることで、より高次の、互いが納得できる勝利条件を設定できました。第2章で取り上げたシューズブランドのプロジェクトを例に取れば、顧客により良い店頭での体験を提供したいという想いが、ブランドマネージャーとシステム担当者の相克を乗り越えたと言えます。

ここでお伝えしたいのは、テーゼに対してアンチテーゼが提示された場合、「さかのぼる」ことでジンテーゼを導き出すことができるということです。さかのぼるのは、自分たちの理念や原体験、そもそものキッカケといったようなものです。最初に提示されるプ譜の勝利条件は、まだ一人ひとりの都合や事情を色濃く反映しています。勝利条件の表現は中間目的や施策にも影響しますが、そこに書かれたプ譜だけで議論してしまうと、互いの矛盾を突き合うような議論になり、議論が紛糾してしまいかねません。そこを、「なぜこのような勝利条件にしたのか？」とさかのぼって互いに聞いていくことで、表面的なプランを論破しようという気持ちではなく、相手の考えへの共感が生まれる可能性があります。

その共感をベースに、プロジェクトにおける顧客や、顧客の家族や、顧客たちが暮らす地域社会、自然環境などがどうなっていれば、自分たちは成功と思えるのか。自分たち自身がどうなったら成功と言えるのか、ということを、ぜひ対話してみてください。そこで、「私たちはそういうことをやりたかったんだよね」と合意できるものが、矛盾を超えた、より高次の勝利条件になります。

次に、評価指標を見直す方法についてです。これはある化学メーカーのプロジェクトを例にとって説明します。新製品開発と新規事業を任されたプロマネには、同じ会社の研究部門の協力がどうしても必要でした。新製品開発において、プロマネは研究部門リーダーに、様々な用途を想定して、多くの試作品作りとテストを行うことを求めますが、研究部門リーダーの試作品作りのスピードは遅く、テストも行われません。研究部門リーダーが廟算八要素の「人材」ではなく「外敵」になってしまっている状態でした。まずは外敵になっている人物を、人材に招き入れる必要があります。

この事例では、研究部門リーダーがプロマネと役職・階級的に同等であるせいか、プロマネの下につくのをよしとしなかったという心情的な問題もありました。しかし、本質的な問題としては、これまで研究部門リーダーが評価されてきた指標が、この新製品開発プロジェクトと相容れなかったためでした。

これまでは、既にある製品のパフォーマンス改善などがメインの仕事であったため、求められる指標は改善の成功率でした。しかし、今回の新規事業プロジェクトは、既存製品とはまったく異なる素材を使った製品開発を行っていたため、求められる指標は改善の成功率ではなかったのです。研究部門リーダーが非協力的であった問題は、自分が評価される指標は、このプロジェクトにおいては適用されないということを明示していないことにありました。

そこで、プロマネは研究部門リーダーの上長である部門長に、今回のプロジェクトの製品開発フェーズのプ譜を書いて見せました。開発フェーズにおいては、どのような素材の調合が相応しくないか（効果の大小、安全性など）を消していくためのトライアンドエラーの数と、それによる製品開発の方向性を定めることが重要であり、一つひとつの試作品の精度を高めることではないことを説明し、理解を求めました。そうしたうえで、上長の同席のもと、このプロジェクトにおける研究部門リーダーの評価指標はこれまでの指標と異なることを伝えてもらったことで、ようやく製品開発に協力的になってもらうことができました。

この事例は、プロマネと研究部門リーダーの間の対立を生んでいた、求めている（求められている）評価指標を変えることの重要性を教えてくれます。今までやったことのないプロジェクトであれば、当然求められる指標も変わりますが、それを明示せず、これまで沁みついて疑いもしない評価指標のままでいると、こうした問題を生んでしまいます。これまでの指標を引きはがし、上長がいるなら新しい指標の承認を得る。自分が直接的な上司であれば、指標が異なることを部下に伝えるといったことが重要です。そうすることで、「プロジェクトのなかで、私と対立しているあなた」という構造から、「私とあなたで、プロジェクトに挑む（問題を解決する）」という構造に変え、外敵になっている人物を人材に招き入れることができるようになります。

こうした問題の構造は、対立している2人が、互いにプ譜に書き出すことで可視化され、よりわかりやすくなります。プ譜という外部に書き出すことで、自分から問題を切り離す。書かれたプ譜はその人そのものではなく、その人が抱えている問題として捉える。その問題に、互いに取り組んでいこうとするコミュニケーションツールとして、プ譜が有用なのは言うまでもありません。

最後に、高次の勝利条件を導く方法として「前提を疑う」というものもつけ加えておきましょう。これはある工業大学の土木課で行ったプ譜のワークショップでの出来事でした。プロジェクトのお題として、山間の村で、こちら岸とあちら岸を結ぶ唯一の交通手段だった橋が老朽化したため、彼岸をつなぐプランを考案せよというお題が教授から出されました。このプランをプ譜で考えることになった学生は、どのような橋をかけるかを、地盤や予算などの廟算八要素を拘束条件として、それぞれに考えます。採用する工法、使用する素材などについて学生同士で激しい議論が起きるのですが、みなさんはここでハタと気づかないでしょうか?

教授は「橋をかけよ」とは一言も言っていないのですが、学生たちは「橋をかける」ことを前提としていました。獲得目標を「彼岸をつなぐこと」とするなら、その勝利条件は「橋がかかる」である必要はありません。ただ、今までは橋がかかっていたため、橋をかけることを前提として考えてしまっているのです。どのような橋をかけるかで議論がまとまらないとき、自分たちが前提としていることを疑ってみることで、新たな勝利条件を見つけ出すことができるかもしれません。

４．勝利条件を設定したら、中間目的、施策、廟算八要素の順に、プ譜を書く

勝利条件が設定できたら、あとは「my project」で行ったのと同じ手順で、中間目的、施策、廟算八要素を書いていきます。このとき、メンバーたちから出されたプ譜の中間目的や施策が材料となります。メンバーが考えたものをそのまま、あるいは設定した勝利条件に応じて表現を変えて取捨選択しましょう。メンバーの数だけ中間目的や施策が提示されているはずですが、ここでは中間目的や施策の重要度、優先順位のつけ方、取捨選択の方法を説明します。

最初に行っていただきたいのは、「our project」のひとつ目の手順で行ったように、設定した勝利条件を記述したプ譜を全員が見えるようにすることです。パワーポイントなどを使っていればプロジェクターに投影する。ホワイトボードに書くなら見やすく大きく書

く。このミーティングに参加しているメンバーが常に勝利条件を目に入れられるようにしてください。

こうする理由は、設定する中間目的や施策が、勝利条件の実現につながっているかどうかを判断できるようにするためです。議論が具体的になっていくと、局所最適解を出すことにとらわれ、全体の目標を忘れがちです。それを防ぐため、中間目的を設定する際は、「それ、勝利条件に影響している?」「勝利条件に近づけている?」を合言葉にしましょう。

多数の中間目的がある場合、それらをすべて実行できるリソースがなければ、次の判断基準を試してください。

- 所与のリソース(予算、スケジュール等)から実行できるものを選ぶ
- 同じ労力をかけて得られる効果、影響度の大きそうなものから選ぶ

この取捨選択のプロセスでは、いくつかの中間目的や施策を捨てる必要があります。プ譜は「あるべき状態」を定義していくため、「やるべき施策」が出てきますが、必ずしも「今やれる」とは限りません。そのため、取捨選択するなかで採用しなかったものの記録も重要です。採用しなかった中間目的や施策は、手駒として取っておくのです。そうすれば、

図14：プ譜は上書きではなく、1局面1シートとして記録していく

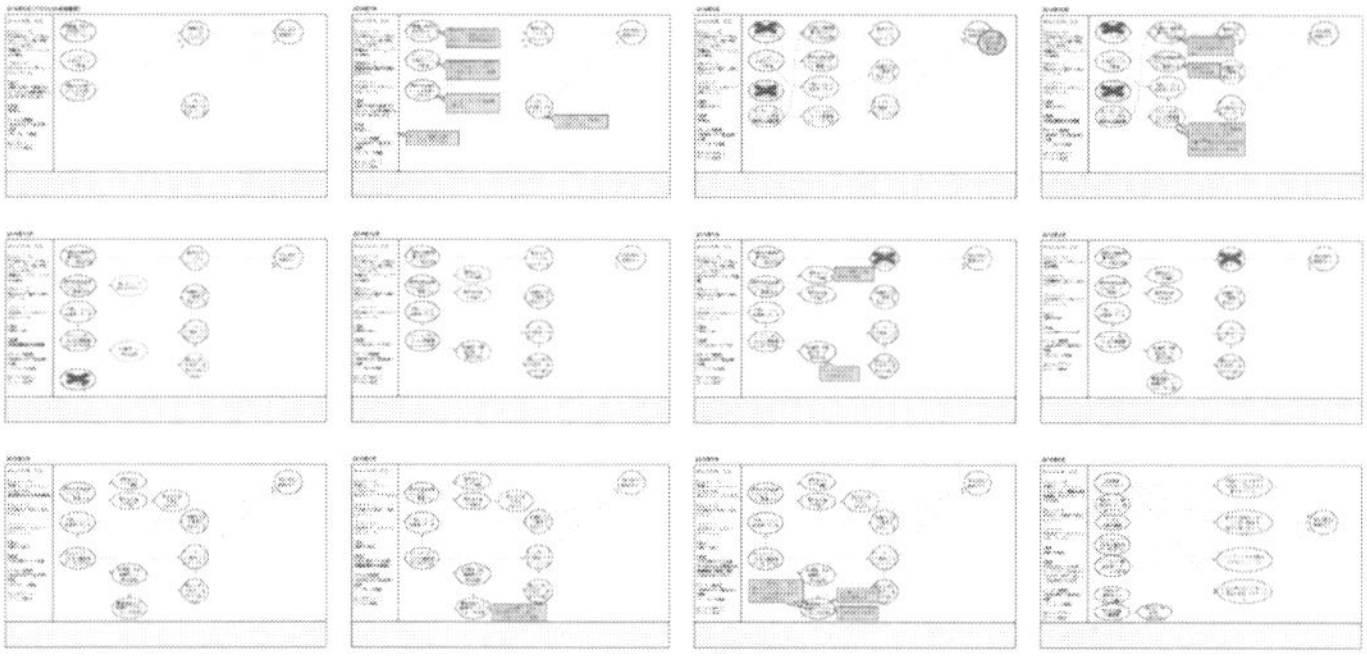

当初のプランが行き詰まったときに、新たな道を検討する助けとすることができます。

　問題をうまく解決できない人は、何かを「する」ことに時間の大半を費やしがちです。一方、問題をうまく解決できる人は、「何を」なすべきかの決定に大部分の時間を費やします。ここには十分に時間をかける価値があります。

　こうした取捨選択のプロセスは、必ず記録しておくようにしてください。パワーポイントなどでこの作業を行う場合は、1枚のシートに上書きするのではなく、中間目的や施策がたくさん出ている初期段階のもので1シート。そこで選ばなかったものを別のシートに記載しておき、その次のシートに、取捨選択したあとのプ譜を新しいシートとして制作するのです。このようにすることで、何を残し・除いたか。つまり、どのように意思決定を行い、合意形成したかがわかります。

　この作業を行いやすいという点で、紙ではなくパワーポ

イントやGoogleスライドなどのデジタルツールの使用をお勧めします。

こうして中間目的や施策を採用していくにあたり、「中間目的の表現がしっくりこない」という問題が起きることがあります。しっくりこないのには「表現があいまい」であったり「数値目標を入れにくい」といった理由があります。まず、表現のあいまいさについてですが、これはあいまいさを排除することで対処できます。例えば、ｗｅｂサービス開発プロジェクトで、その機能がユーザーの問題をどう解決すべきかを定義する中間目的を、「業務にかける苦労が少なくてすむ（べきである）」とするとします。しかし、この表現では、苦労というものがその業務にかける時間なのか、手順の少なさなのか、月々の利用費なのか、心理的負担なのかがわかりません。こうした表現のあいまいさを除くことで、プロジェクトメンバー全員の認識のズレをなくすことができます。

次に、「数値目標を入れにくい」ということについてです。プロジェクトを計画するとき、ＫＰＩを求められることが多いですが、プ譜の中間目的で表現するのは〝あるべき状態〟です。状態をまず定性的に表現したあと、その状態を明確な基準で測定できるなら、定量的な表現を加えればよいです。一度ＫＰＩを設けてしまうと、その数値目標を達成することに囚われてしまいがちです。そうなると、そもそもの、最終的な目標に寄与しない、〝あるべきではない状態〟で数値目標を達成しようとするかもしれません。〝あるべきではない状態〟で数値目標を達成したとしても、その状態は勝利条件に貢献しません。極端な例ですが、KPIを求めすぎて大失敗した「ボディ・カウント」の教訓を紹介しましょう。

ボディ・カウントはベトナム戦争時にアメリカ軍で使用されていたKPIです。このKPIに大きな影響を与えたのが、フォード・モーター社の社長から政界に転身してジョン・F・ケネディ政権の国防長官に就任したロバート・マクナマラです。マクナマラは、経営管理（マネジメント）の手法を軍事の世界に持ち込み、軍事力とコストの両面から軍備計画を立案し、軍事予算の効率化を進めます。こうした手法の導入は、ベトナム戦争時のアメリカ軍に大きな影響を与えました。具体的には、戦場における様々な事柄の定量化が求められたのです。この定量化の象徴的な例が、「ボディ・カウント（敵の死体の数）」です。この指標は一見もっともらしく思えますが、死体の数をかぞえにいくアメリカ軍兵士が戦死したり、発表されたベトナム軍兵士の写真が、ベトコンの抗戦意欲を高めたりするなど、想定外の悪影響が出ました。また、こうした情報はアメリカ国内の反戦運動をも燃え上がらせ、結果的にアメリカを勝利から遠ざけることになりました。この教訓は、敵に与える損害を数値で計測することは重要ですが、敵の士気に与える精神的な影響など、定量化が難しいものも同等、もしくはそれ以上に重要ということです。

これ以外にも人間は実績測定で判断されると、大きな目的よりもその測定基準となる数値達成を優先することが様々な研究で明らかになっています。例えば、外科医が成功率に基づいて評価されたり報酬を決められることで、より複雑あるいは重篤な症状の患者の手術を拒否するということが起こりました。アメリカの高齢者および障害者向け公的医療保険制度であるメディケアの事例では、医療保険の過剰支払いを抑制することを目的に、「退院後30日以内に計画外の再入院をした患者数（再入院率）」を指標としました。この指標を上回る病院には金銭的な懲罰が与えられます。この結果、戻ってきた患者を正式に受け入れるのではなく、病院側が患者を「経過観察」とし、患者が病院に短期間滞在したとしても、「入院」患者としてではなく、外来患者として請求するという制度の裏道を抜けるような出来事が起こってしまいました。この制度の悪用は、この指標が適用されてから7年の間に、経過観察の処置を受けた患者が96%も増えるという事態となって、ことの重大さが明るみに出ます。

未知で不確実なプロジェクトでは、測定できないものがあってもおかしくありません。

むしろ測定しづらいものの方が多いと言えます。重要なことのすべてが数値で評価できるわけではありません。プロジェクトでＫＰＩを求められる場合は、こうした事例を紹介して、取得することが適切なもののみを指標とすることを推奨します。

5．それぞれの中間目的と施策に、権限と責任を付与する

中間目的と施策を取捨選択し、表現を定めていくなかで、それらを権限と責任を持って誰が行うかを決めます。言い方を変えると、プロジェクトメンバーに権限と責任を付与するのです。成功のための確たる方程式も地図もなく。時間と資金も限られ、方向を決める指標もハッキリしていない状況で、未知のプロジェクトを進めるには、中央集権的な組織ではうまくいきません。

上述したベトナム戦争を再び例に取ると、ベトナム戦争が始まる以前、アメリカ軍の軍事教範には、「命令の不在による無活動は許しがたい」とあり、下級指揮官の積極的な行動を強く求めていました。しかし、ベトナム戦争中に改定された教範からはこの一部が削除されます。この理由には、下級指揮官が積極的な行動を行うためには自らの任務に対する理解と判断能力が求められるものの、その条件を満たすほどの訓練や教育を施す余裕が、当時のアメリカ軍にはなかったことがあります。こうした資質の低い下級指揮官や兵士を

戦場に投入した場合、全体の意図を汲むことなく、好き勝手に行動を起こしてしまいかねません。こうした事態を避けるため、軍上層部への中央集権化が進んだ結果、前線部隊と軍上層部の間に、意識の乖離や意識決定のスローダウンをもたらしました。この影響は、軍事行動に出るときに様々な認識の齟齬や、計画通りに作戦が進まないという形になって表れます。

中央集権的な組織では、一人ひとりの担当者は、自分の担当する施策の進め方や善し悪しを、マネージャーに仰ぐでしょう。マネージャーはちゃんと計画通りに進んでいるかが不安であれば、逐一報告を求めたくなります。しかし、プロジェクトにそんな時間の余裕はありません。メンバーは自分が担当する仕事の内容と、それが全体の中でどのように位置付けられているかを深く理解しなければなりません。そして、担当する仕事について責任を持って進める必要があります。

自分の仕事が目標に向かうプランのどこに位置付けられていて、他のメンバーのどの仕事とつながっているかといったことは、プ譜を書いていく過程でわかります。では、どうすれば自分の仕事について責任を持つことができるでしょうか? 自分の仕事の位置付け、他者の仕事との関係性を理解することは、他者・全体への責任の意識づけに影響を与えるかもしれません。でも、それだけでは不十分と筆者は考えます。

これは逆説的ですが、自分が他者の仕事とどのようにつながっているかがわかるということは、他者が自分のことを見てくれているという安心感につながります。しかし、この安心感が悪い方向に転ぶと、「誰かが見て（気にして）くれているから大丈夫だろう」という責任の放棄につながりかねません。特にマネージャーやリーダーなど、自分より立場的に上位になる人が見ている場合、「責任はそうした人々に負ってもらえればいいさ」という考えを生んでしまう可能性があります。そこであえて、「あなたの仕事の、具体的な進め方までマネージャーは見ていませんよ」という状況を作ります。

この状況は「our project」のステップ2〝それぞれのプ譜の「フェーズ」と「粒度」を仕分けする〟で既に作り出されているはずです。1枚のプ譜では吸収しきれない、より細かな粒度のプ譜は、階層を分けようということを書きました。Googleスライドなどのオンラインツールで制作すれば、個々の施策や中間目的にリンクをつけることができるので、いつでも全体のなかの個々の施策がどのようにつながっているかを確認することができま

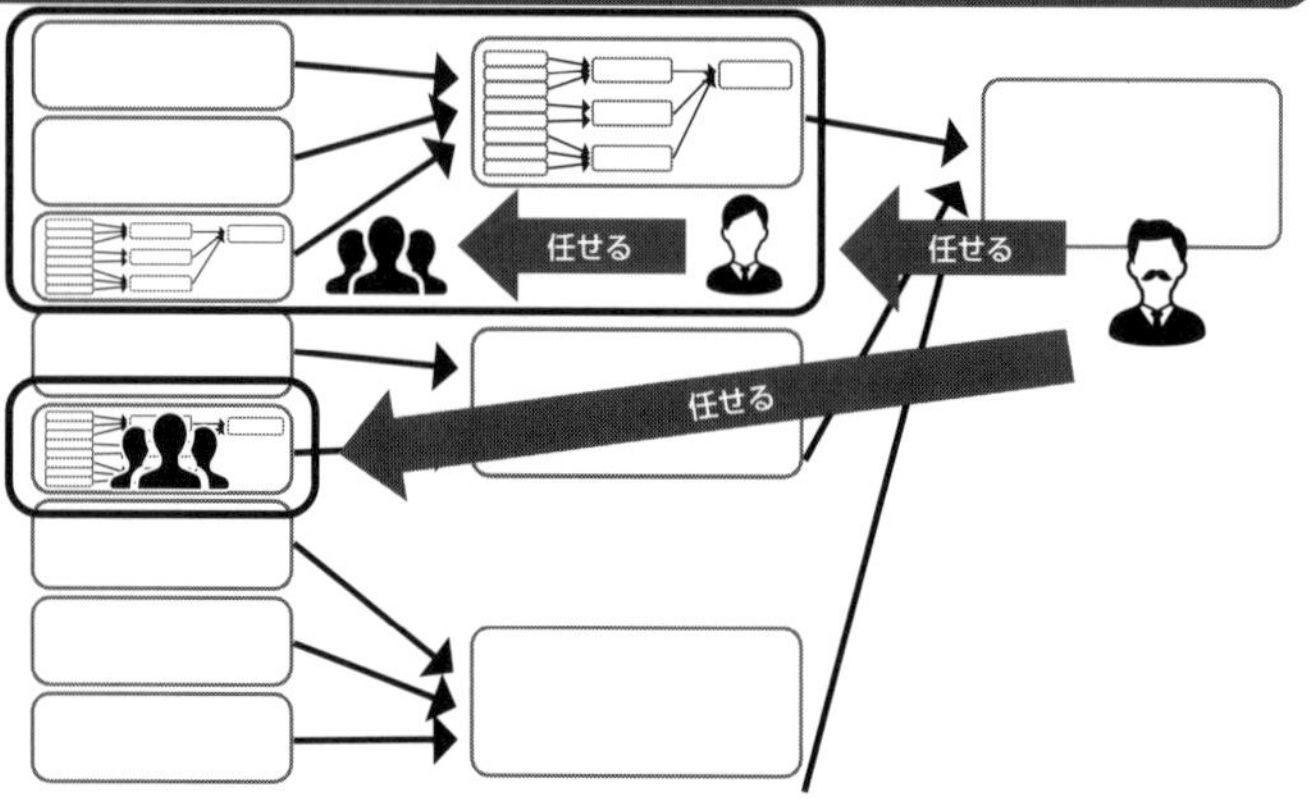

図15：勝利条件・中間目的に合意できたらマイクロマネジメントは避ける

メンバーがその中間目的・施策実行の責任者になることで、「共有している知識について合意」していくのではなく、「選択肢についての自分独自の視点を共有」するようにする。

すが、リンクを踏まないかぎり、個々のプ譜を見ることはできません。

何が言いたいかといいますと、つながりは把握できるけど、細かなところまでは〝一見わからない〟ということです。見にいこうとすれば見にいけますが、マネージャーはそれを見にいくとは言わないのです。細かなやり方、細かなプロセスはいちいちチェックしにいかない。中間目的つまり〝あるべき状態〟をマネージャーと担当者が握っていれば、あるべき状態に到達する具体的なやり方と判断の権限は、担当者に委ねてしまうのです。メンバーがその中間目的・施策実行の責任者になることで、「共有している知識について合意」していくのではなく、「選択肢についての自分（メンバー）独自の視点を（マネージャーとの間で）共有」するようにするのです。

この方法は歴史的にも多くの成功を収めています。かつてプロイセン軍では、拡大する戦線に対してひとりの指揮官がすべての戦闘を直接指揮することが困難なため、「委任戦術」という指揮方法を導入しました。この方法は以下のような流れで実行されます。

1．上級指揮官が下級指揮官に対して全般的な企図と達成すべき目標だけを記した「訓令」を下す。

2．訓令を受けた下級指揮官は、企図の範囲内で与えられた目標を達成するための方法を自分で決定し実行する。

これは、戦場での具体的な行動については、下級指揮官に権限が委任されることを意味しています。委任戦術は権限を分けることにほかならず、この分権指揮の方法は、第1章でも述べた霧に対処し、摩擦を低減させるための手法でもあります。この委任戦術が機能するには、下級指揮官が自分の部隊が全体の目標の中でどのように動くべきか、その他の部隊とどのように調和を取らなければいけないかを理解していることが不可欠です。プロイセン軍ではこの「軍事行動の指針となる原則」を「ドクトリン」と呼びましたが、「our project」でプロジェクトメンバーが一緒に作り上げていくプ譜、特に「あるべき状態」を定義する中間目的がドクトリンになり得ます（こうした権限委譲の方法を「イシューを渡す」「イシューを握る」と表現する人もいますが、どのような表現でも良いと思います）。中間目的をマネージャーとメンバーで握っておくことによって、細かなプロセスはメンバーに任せることができるのです。

第2章で取り上げた「なんで？カメラ」は、筆者がカメラ開発に関して無知であったこともありますが、中間目的をメンバーと握っておいたことで、具体的な設計・製造はすべてメンバーに任せることができました。特筆すべきなのは、このプロジェクトはキックオフ時と、中間報告の2回集まった以外、リモートで進めているということです。

ひとりのプロマネが一つひとつの施策を細部まで具体的に、手取り足取り指示することはできません。事前にすべてのことを予見し、完璧な計画を策定することができないプロジェクトでは、その場その場の状況の変化に即応して、一人ひとりのメンバーが自主的に判断して実行することが欠かせません。そのためには、中央集権的なチームではなく、個々のメンバーに権限を与える非中央集権的・分権的なチームになることが求められます。

一人ひとりが「my project」でプロジェクトの進め方を考え、他者の視点を取り入れてブラッシュアップしたプ譜には、自分がその施策、あるいは中間目的を担当したときの「こうやりたい」「こう進めれば成功できる」と考える青写真があります。それを実行できる権限を責任とセットで付与するのです。「my project」で「自分ならこう進める」と、自分の頭で考えたメンバーであれば、マネージャーの指示をいちいち仰がなくても、主体的に進められるはずです。ぜひ、このプ譜の入れ子構造を利用して、プロジェクトチームの分権をマネージャーとメンバーに促してください。

6．タスクリスト、スケジュール表などがあれば、いつ着手するかを明記する

中間目的と施策について、誰に権限と責任を付与するかを決め、プロマネがそのためのマインドセットができたら、残る作業はあと少しです。ここまでプ譜に書いた仮説が正しいかどうかを世界に問うていかなければなりませんが、仮説を問うには、プ譜に書いた施策を実行しなければなりません。いつ、口火を切るか？　これを決めきりましょう。

個々の施策を誰が担うかはひとつ前のステップで決めており、それをプ譜に記載することも可能ですが、着手するスケジュールや手順など、その他の細かな情報は、タスクリストやガントチャートなどがあれば、そちらに記載しておくと良いです。プ譜はプロジェクトの全体像を把握することに適していますが、あまり多くの情報を記載すると一覧性やわ

かりやすさを損なってしまいます。また、施策を「どのように行うのか？」といった手順までは書ききれません。Googleスライドなどのオンラインツールであれば、施策の具体的な内容や手順は、Googleドキュメントに別途記載し、スライドに記入した施策にリンクを貼っておけば、こうした課題にも対応できます。

「my project」から始まる、「your project」を経て、「our project」に至る時間は、数時間ではとても足りません。実際、第2章で紹介したアパレルブランドのバックヤード改善プロジェクトでは、9時間かけました。プロジェクトの開始前に立てる仮説は、未知で不確実な将来予測といえます。だからこそ、合意形成がとても難しい。複数のメンバーが関わればなおさらです。そこには時間をかける価値があります。プ譜を合意形成のためのコミュニケーション手段として利用し、合意形成のプロセスを支援・記録する道具として使うことで、ここまでにできあがったプ譜は、プロジェクトメンバー全員が合意したものになっているはずです。

さぁ、いよいよプロジェクトを動かすときです。未知の世界を、みんなで作り上げた地図を頼りに切り拓いていきましょう。

第4章

プ譜の書き方、チームでの運用法〜プロジェクト開始後の振り返り編

われわれは、固定した、完成した世界に生きているのではなくて、現在進行形の世界の中に生きている

（ジョン・デューイ）

4-1

プ譜を使った振り返りの進め方

前章では、プロジェクト開始前の「合意形成・仮説立案」フェーズで、全員が合意できるプ譜の作り方を解説しました。みんなで作り上げたプ譜を手に、プロジェクトを動かし始めたら、プロジェクト開始後の**「振り返り・仮説検証」**フェーズに入ります。

プロジェクト開始前に作ったプ譜は、未知で不確実なプロジェクトを進めていくための仮のプランです。仮のプランですから、このまま進めて良いのか？ 修正の必要がないか？ などを振り返っていく必要があります。また仮説立案時には見えていなかったことや、自分たちが起こした行動によって新たにわかる事実、想定外の事象に遭遇することもあります。

こうした変化を、最初に作ったプ譜に反映し、プロジェクトの局面ごとに更新していくことで、自分たちがいかにして、今のような状況に至ったのか？ ちゃんと目標に向かっているのか？　どのような行動を取るべきか？　といったことを把握する必要があります。

　この章では、こうしたプ譜を使った振り返りの方法、ミーティングの進め方について、そして、チームとしての取り組み方について説明していきます。


　具体的な方法に入る前に、「振り返り」の意義について確認します。未知を既知に変えていくプロジェクトは、新しいものごとの体験の連続です。その仕事をやったことがない人間にすれば、あらゆることが「学習」の対象になります。

　プロジェクトマネジメントの手法のひとつに、ＤＤＰ（Discovery-Driven Planning：仮説指向計画法）があります。これは、事業を進める過程で得たDiscovery（発見・気づき）に基づいて当初の計画を柔軟に変更・修正しながら進める「学習ベースの計画法」です。ＤＤＰの考案者であるコロンビア大学ビジネススクール教授のリタ・マグラス氏は、プロジェクトから得られる事実に学ぶこと、プロジェクトを学習のプロセスとしてとらえることを提案しています。

　教育の現場でもＰＢＬ（Project Based Learning）が取り入れられているように、プロジェクトとは本質的に学びや成長の機会にあふれていると言っても過言ではありません。ただ、その体験からどれだけの成長に変えられるかどうかが鍵になるわけですが、その鍵を握るのが「振り返り」です。

振り返りには様々な説明がなされていますが、ここではプロジェクトの学びという視点から、哲学者であり教育学者でもあったジョン・デューイの言葉で説明します。

「われわれは、固定した、完成した世界に生きているのではなくて、現在進行形の世界の中に生きている」

これはまさにプロジェクトそのものを表している言葉と言えます。デューイは続けます。

「世界は変化し、未来はまだ不確定であるからこそ、学び続けることが重要になる」

この変化し続ける世界に対して、自らの経験から学び、それを次に活かそうとするならば、自分がどのように考え、実行し、どのような結果を得たかということを詳しく把握しなければなりません。この行為が振り返りにあたります。デューイは、このように経験を振り返る思考のことを「内省的思考」(reflective thinking)と呼びました。

メタ的に自分の経験を振り返ることの効果は、マイケル・ロンバルドやロバート・アイチンガーらが提唱した「70：20：10の法則（人は70％を経験から、20％は観察学習や他者からのアドバイスから、10％は研修や書籍などから学ぶ）」でも取り上げられています。

ここで気をつけたいのは、振り返りを行うタイミングです。多くのプロジェクトではサービスのローンチやシステムの納品後に振り返りを行っています。アジャイル開発の現場では頻度の高い振り返りが行われていますが、どのようなプロジェクトであっても、未知で不確実性が高ければ高いほど、振り返りは頻度高く行うことを推奨します。どんなことをしたか、どんなことを経験したかという「記憶」は、時間が経過するほど失われていき、記憶の定着が難しくなっていきます。プロジェクト終了後に振り返る統括的な振り返りではなく、プロジェクトを進めている過程で形成的に振り返りましょう。

また、多くのプロジェクトは成功することなく終わりますが、失敗したプロジェクトを振り返るという傷口に塩を塗るような行為を進んでやる人はいません。ビジネスの世界では数多くのプロジェクトが生み出されますが、公開されているのは成功の回顧譚ばかりです。「私は最初からこうなると読んでいました」という回顧譚ほどあてにならないものはありません。プロジェクトにおける試行錯誤や意思決定などの過程についてはほとんど明示されていません。失敗したプロジェクトにも、成功したプロジェクトと同等の学びの価値があります。
すぐれた判断の多くは言語化されず、暗黙知として担当者個人のなかに埋没してしまいます。それをプ譜というある種の物語のような表現形式で残しておいてほしいのです。過去を知っていれば、不完全ながらも未来に備えることができます。記録は組織の資産になり、新たな不確実性に対処する際にも活用できます。こうした生きた記録を後進に残すためにも、形成的な振り返りが必要なのです。

形成的な振り返りには鮮度の高い記録が必要です。読者のみなさんにはもう言わんとすることがおわかりでしょう。プ譜は、仮説を書き、起こった出来事を書き込み、それを検討し意思決定し、意思決定した内容を反映し、またそこで起こった出来事を書き込むというプロセスを繰り返していきます。この、**プ譜に書き入れていくことがそのままプロジェクトの記録になり、書き入れられたものを見て、自分たちの考えや、意思決定の善し悪しを振り返るということになります。**つまりプ譜は、振り返りのためのツールである、ということなのです。

それでは、次頁からはプ譜を使った振り返り、すなわちミーティングの進め方について説明していきましょう。

4-2

目標に向かって進めているか、プ譜を更新しながら判断する

私たちがいかにして、今のような状況に至ったのか？　どこに向かっているのか。今、自分はどのような行動を取るべきか。それを把握できるのがプ譜です。プ譜を使ったプロジェクトでは、プロジェクトのプロセスを以下のサイクルでとらえます。

1. 目的に向かって動かす、進める
2. 見つけた、遭遇した情報や事象を記録する
3. 記録したものを分析、検討し、決定する
4. 決定した内容に基づいて進める

（以降、プロジェクトの終了まで、2→3→4をくり返す）

このプロセスの中で行うミーティングのゴールは、自分たちの進め方が今のままで合っているかの評価をし、対応を決定し、プ譜を更新することにあります。表現を変えれば、目標に向かって進めているかを評価、判断、意思決定するためにプ譜を作る、ということになります。プ譜を使ったミーティングの基本的な進め方は以下のようになります。

1. プ譜をプロジェクターや各人のＰＣで出席者全員に見せる
2. 直前の局面のシートをコピペして、オリジナルは保管し、コピーしたシートにミーティング実施時の日付をつける（※コピーしたシートが第二局面のプ譜になる）
3. 個々が担当している仕事が勝利条件、中間目的に近づけているかを報告する
4. 報告の途中、新たにわかったことや遭遇した事象を、その場でリアルタイムに第二局面のプ譜に書き込む
5. そのまま実行、または、停止・変更する施策や中間目的の有無などを検討する
6. 検討結果を第三局面として、新しいプ譜で更新する

（タスクリストやスケジュール表があれば、そちらも更新しておく）

ミーティングでは必ず進行担当者を置いてください。進行役は専任のファシリテーター

を置いてもいいですし、プロマネが担当しても構いません。**進行役がチーム全体に対し、今の進め方で勝利条件に近づけているか？　中間目的が実現できているか？　中間目的の表現は妥当か？　施策をやってみてどうだったか？　ということを質問していきます。**プ譜にはプロジェクトの仮説が書かれているので、それが妥当かどうかを評価するのです。

システム開発の現場には、ＫＰＴやＹＷＴという質問をして次のアクションを決めるフレームワークがあります。ＫＰＴはKeep（よかったこと、続けること）、Problem（問題、課題）、Try（次に行うこと）。ＹＷＴは「（Ｙ）やったこと」「（Ｗ）わかったこと」「（Ｔ）つぎやること」といった質問をしていきます。

プ譜の場合は、一人ひとりの中間目的担当者、施策担当者に対し、常に自分たちが設定した勝利条件につながっているかどうかを念頭に、以下のことを質問していきます。

- 個々の中間目的は実現できているか？
- 個々の中間目的を実現するための施策は実行できたか？
- 施策を実行して新たにわかったことはなにか？　どんな事象に遭遇したか？
- 実行できなかった理由はなにか？
- 実行した施策は、本当に中間目的の実現に寄与しているか？
- 個々の中間目的の表現は妥当か？　表現を変える必要はあるか？

図 16：実施した施策の結果を吹き出しで書き込んでいく

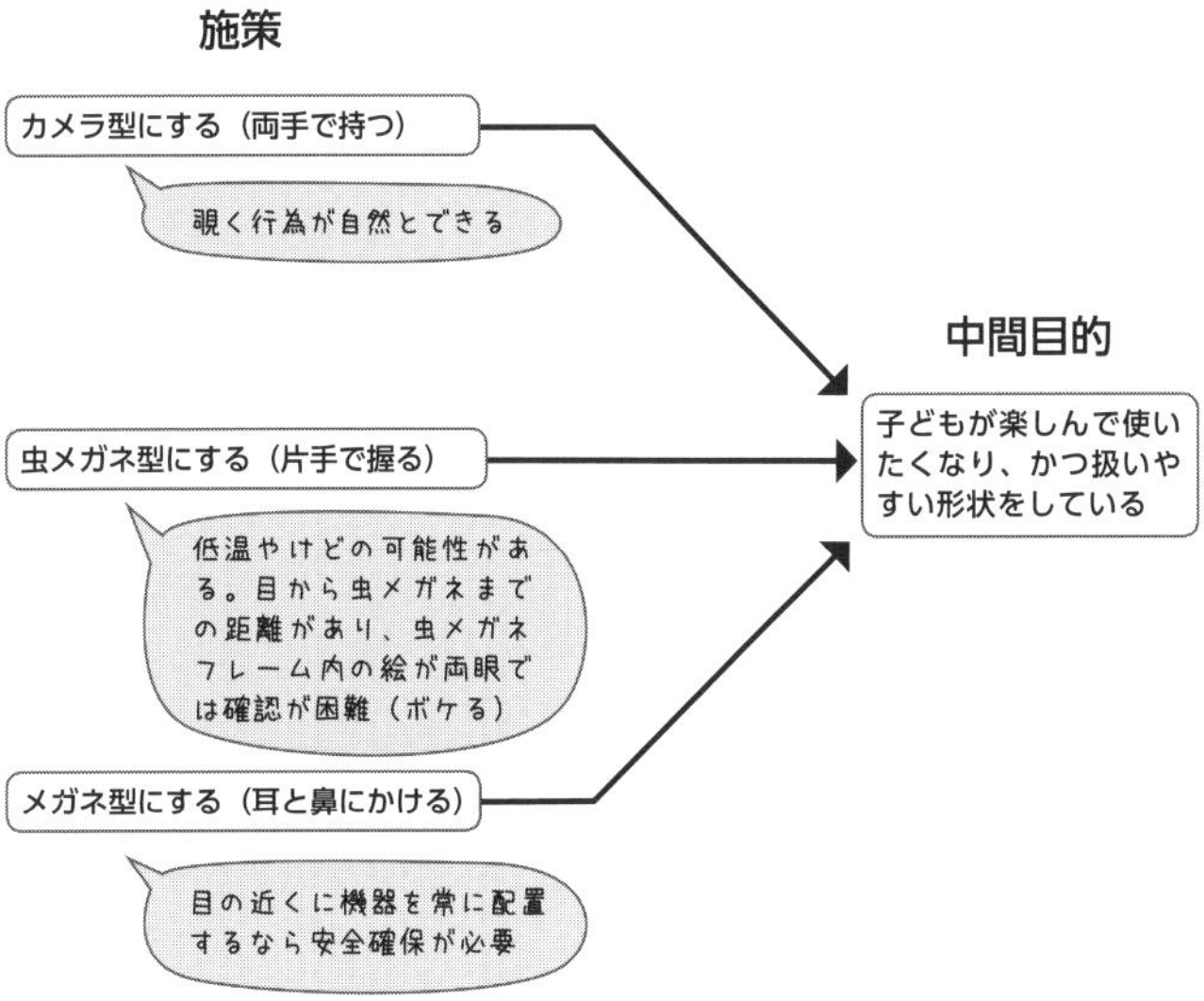

第 2 章p78、79で紹介した「なんで？カメラ」のプ譜をご参照ください

これらの質問に対し、各担当者が答えた内容を「吹き出し」で該当する施策や中間目的の脇に書き込んでいきます。この吹き出しで書き込まれたものが、プ譜の第二局面になります。

書き込まれた内容を見て、中間目的の実現が難しければ、施策のやり方を変えるか、その施策を停止するといった判断を行います。そのまま進めることで中間目的が実現できそうであれば、そのまま進めて良いということになります。施策を実行した結果、中間目的が実現されれば、その施策は効果的で、そのプロジェクトにとって意味があったと評価することができます。

中間目的が実現されたら、それが勝利条件の実現に寄与するかどうかを評価します。勝利条件の実現に寄与しそうなら効果的な中間目的と評価できます。寄与していない、寄与しそうになければ、中間目的の表現を変更したり、その中間目的は追わない・止めるという決定をします。

この実行した施策や設定した勝利条件の評価と、評価後の決定の流れをまとめたものが図17になります。

施策は中間目的の実現に寄与するかどうか。中間目的は勝利条件の実現に寄与するかどうかという、上位概念から逆算して評価・決定します。

プ譜ではプロジェクトの成功可能性を上げるため、初期の局面ほど多くの施策が出ますが、リソースが限られていると、それらの施策をすべて実行することはできません。そのため、なかにはプ譜に書かれた施策が実行されていないということがあります。このとき気をつけていただきたいのは、上述したように**プ譜に書いたものは可能性であり、すべてを実行することは難しい**ということ。**他の施策が中間目的の実現に寄与するのであれば、それ以外の施策は実行しなくても良い**ということを、進行役やプロマネは留意してくださ

図 17

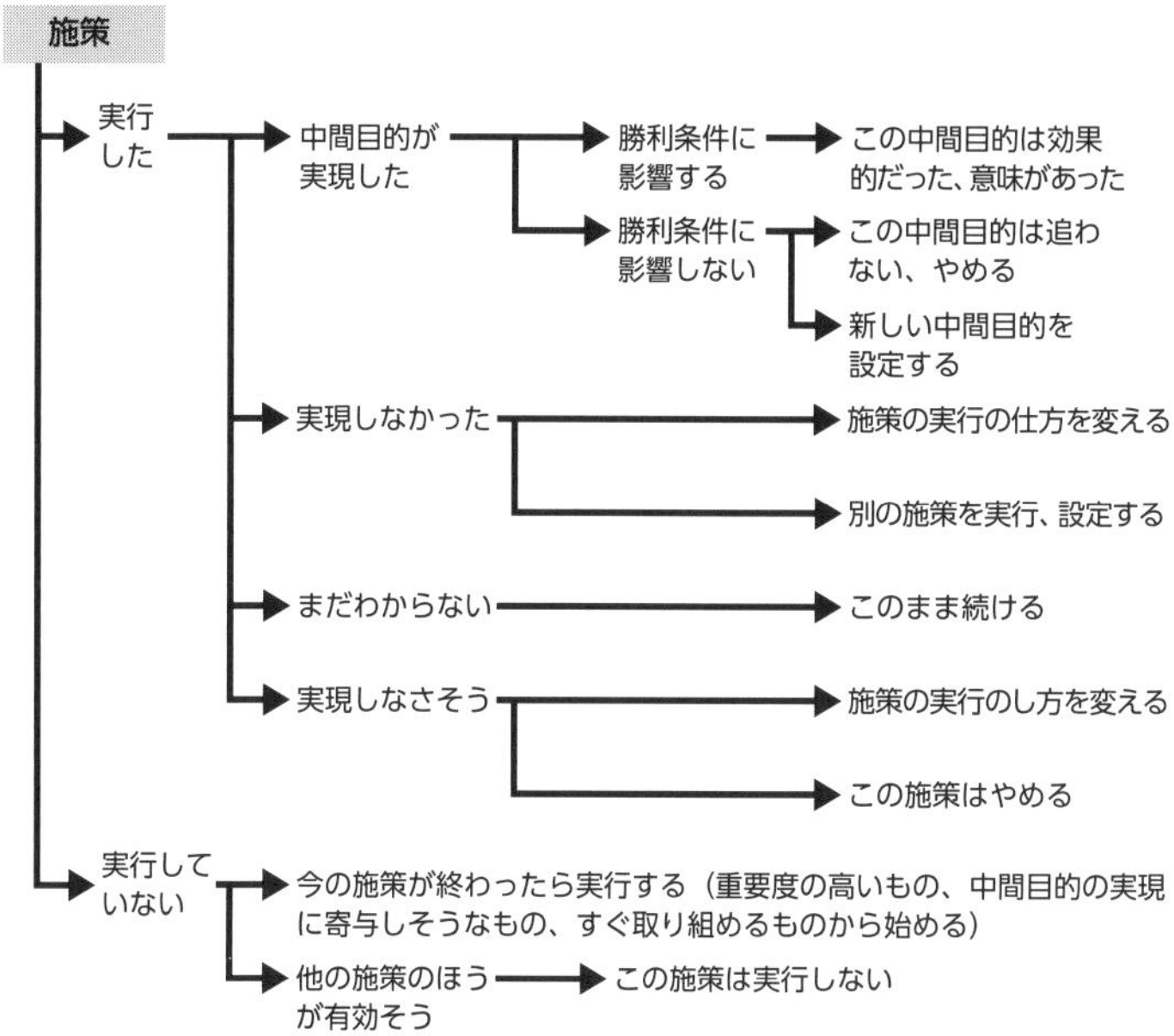

い。

施策は中間目的の実現に寄与しそうなものや、複数の中間目的につながるものから実行します。今のリソースですぐ取り組める実行コストの低いものから始めても良いです。できるだけ早く、いくつかの施策を実行し、中間目的の実現に寄与する施策を探り当てる。それができれば、他の施策は捨てても構いません。

施策が実際の「行為」であるのに対し、中間目的は「(あるべき)状態」です。中間目的を「実行」することはできません。中間目的が勝利条件の実現に寄与しない、または、寄与しそうにない場合は、中間目的の表現を変更・修正するか、その中間目的はやめるという決定をします。

このときのポイントは、**中間目的の表現変更を厭わない**ということです。初期の局面では未知の要素が多いため、どの中間目的が勝利条件の実現に適切かどうかがはっきりしません。また、中間目的の表現が最適ではない可能性も高いです。中間目的の表現を変更・修正することは誤りではありません。それが適切でないとなれば、表現の変更は厭わないでください。

施策と中間目的それぞれに定量的な指標を設定していたら、それが評価・判断指標になります。施策ならKey Action。これに数値指標（Indicator）をくっつければKAIとなります。中間目的はさしずめKey Resultといったところでしょうか。施策と同じくIndicatorをくっつければKRIとなります。数値は「状態」よりもわかりやすいため、数値指標を設定したくなりますが、本書では特に、中間目的では定性的に表現することを推奨しました。数値指標については、その取得コストが低ければ加えて良しとしています。

繰り返しになりますが、やったことのないプロジェクトで数値指標を設定するのが難しいことと、数値指標を達成したからといって、それが中間目的なら勝利条件に、施策なら中間目的の実現に寄与するとはかぎらないからです。さらに数値というわかりやすい指標は、本来実現すべきものを忘れさせ、目の前の指標を達成することにとらわれやすくなります。この点に気をつけて、数値目標を設定している場合の評価は、数値の達成未達成よりも、それが中間目的や勝利条件に寄与しているかという観点から行うようにしましょう。

このような意思決定の結果は、第二局面のプ譜をコピペし、オリジナルの第二局面のプ譜は保管し、コピーしたほうのプ譜に書き込んでいきます。これがプ譜の第三局面になり、更新された仮説になります。

プ譜を使ったミーティングは、基本的にこのプロセスの繰り返しです。仮説を立て、それを検証し、新たな仮説を立てて目標に近づいていきます。こうしたプロセスを繰り返していくと、将棋の棋譜のようにプロジェクトのプロセスを振り返ることができるようになります。

プロジェクトの動きを保存することを、ものづくりの世界の言葉を借りて「動態保存」と呼びます。状況と意思決定のプロセスを保存しておくことで、プロジェクトが行き詰まりを見せたとき、すぐそれまでの過程に戻って、対応を検討できるようにします。こうした記録方法は、第２章で取り上げた「なんで?カメラ」のようなものづくりプロジェクトでも有効です。ものづくりの世界では、知らぬ間に図面が更新されていて、なぜこのような変更がなされたのかがわからなくなってしまうことがあります。そうした「知らぬ間にそうなっていた」を、プ譜によってなくすことができます。

4-3 プ譜があれば議事録は不要

プ譜を使ったミーティングで大事なのは、参加者全員の前で、意思決定とその理由をプ譜に書き込むことです。意思決定の理由は、プ譜の下段にあるスペースに書き込んだり、理由を記載したシートを局面図のプ譜の間にはさんでおいたりします。

プロジェクトのプロセスを記録しておけば、極端な話、プロジェクトにつきものの議事録は不要なのではないかと考えます。プ譜を議事録に代わる、それ以上のツールとして、ミーティングのあり方自体をデザインしなおすものとして活用することができます。

上述したミーティングの進め方は1枚のプ譜を元に行うことを前提に書いています。「our project」で説明した「粒度」の異なるプ譜が複数存在する場合、それらのプ譜のミーティングを行おうとすると、時間がいくらあっても足りません。そこで、図18のように、中間目的単位、あるいは施策単位でプ譜が存在し、それぞれに担当者が存在する場合は、

図18：粒度の異なるチームでミーティングをする際の注意点

一人ひとりが自分のプ譜を使って報告・議論すると20～30分はかかる。
「中間目的と施策」のユニットを作り、そこだけでミーティングをしておく。
その上で、中間目的の責任者が出席して、全体ミーティング（自分以外の中間目的の責任者が出席）で報告・議論する

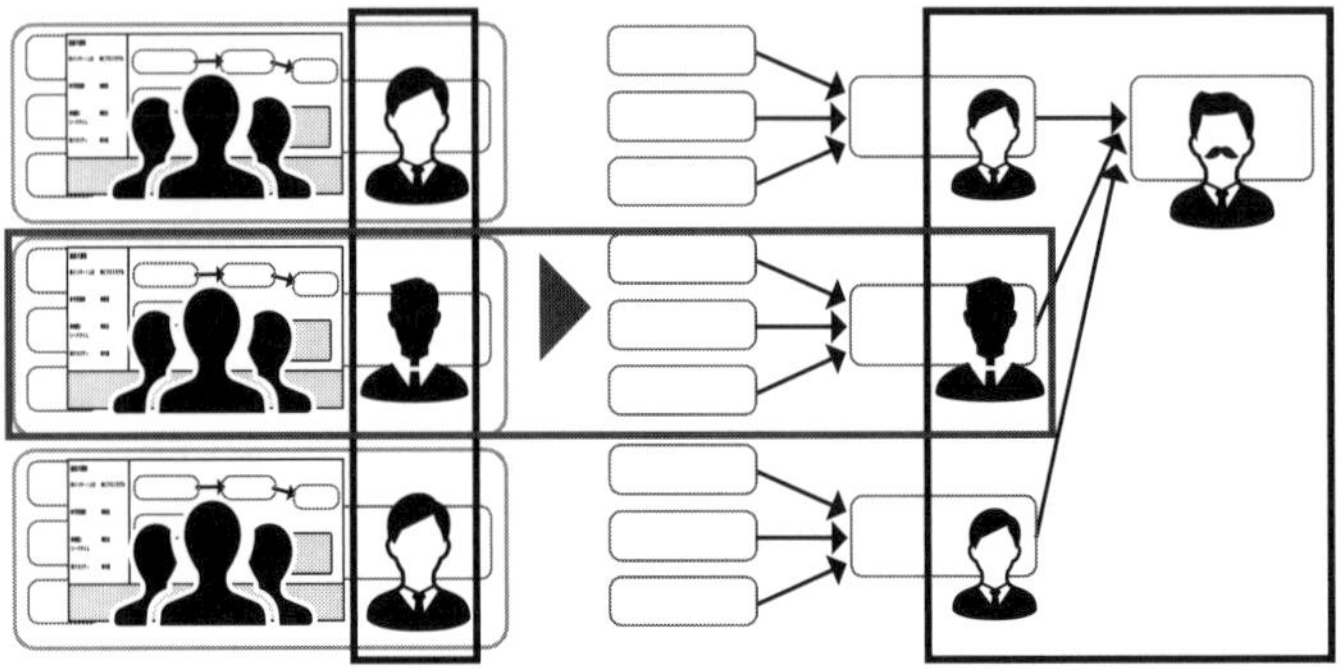

その単位で上述したミーティングを行います。

もし、別の施策と密接に絡むようであれば、別の施策担当者らも交えて良いです。

これまでのプ譜を使ったミーティング経験から、一人ひとりが自分のプ譜を見せながら報告・議論すると20～30分はかかります。ミーティングの時間を60分とすると、最少のミーティングのサイズは3人前後となります。この最少ユニットには、ひとつ上の階層のプ譜の会議に出席する役割を持つ人物（ユニットのリーダー）が必ず出るようにしてください。その人物が今度は「メンバー」として上位層のミーティングに参加します。これは、プ譜の入れ子構造を利用して、ミーティングも入れ子構造にしてしまうというものです。そしてこのミーティングのあり方は、同じく「our project」で説明した権限と責任の委譲、つまり分権型のチーム作りを後押しします。

実際にこの入れ子構造をチームミーティングに落とし込んでいる、あるSaaSベンダーの事例をご紹介しておきましょう。この会社では四半期ごとに各メンバーが目標を立てて取り組むということを行ってきました。今までは目標を宣言して、当該四半期終了時にその成果を発表するという形式だったのですが、ここにプ譜を活用することにしたのです。

まず、マネージャーが四半期の目標をプ譜で書きます。そして、それを実現するための施策を担当するメンバーが、自分の施策の成功を目標とするプ譜を書きます。マネージャーの大きな目標のプ譜と、メンバーの小さな目標のプ譜をGoogleスライドで相互リンクさせ、入れ子構造として表現します。そして、月に1回のミーティングで個々のプロジェクトがどのように進んでいるかを、個々のGoogleスライドを見ながら共有します。

このミーティングの良い点は、会社全体の目標のなかで、自分の目標はどこに位置付けられているか？　どのように貢献するか？　ということが把握できるところにあります。プロジェクトでうまくいっていないところがあるときや、判断に迷うときに、つい局所最適に陥りがちなメンバーを、全体を見ているマネージャーが、「おおもとの目標はこれこれだから、これは今取り組まなくていいよ」といった意思決定の手助けができます。

個々のメンバーが自分の目標が誰の目標とどうつながっているかもわかるので、他者のプロジェクトに対して、自分が取り組んでいるプロジェクトを通じて得た経験や知識を、他のメンバーのために提供するといったことも起きます。

また、一人ひとりがプ譜を持つことで、自分の目標にどのように仮説を立て、実行したかというレコーディングができる――つまり、振り返りの効果があるということです。さらには個々の業務の記録ができるので、社内のナレッジとしてアーカイブしておくこともできます。

デメリットは時間がかかることです。時間がかかることをデメリットととらえるかどうかはともかく、ひとりのマネージャーに、2~3人のメンバーでこのミーティングを行うと1時間はかかるので、上述したように、人数が多いプロジェクトや組織の場合は、グループを小さくして個別に行うことを推奨します。


教育の現場には「ジグソー法」という学生の協同学習を促すための方法があります。アメリカの社会心理学者、エリオット・アロンソンによって提唱されたこの方法は、「自分しか知らない」状況を強制的に作り出され、グループでそれを共有するようデザインされています。この自分しか知らない状況が、一人ひとりに責任感を持たせることにつながり、意見が違うことへの許容を促すという効果があるとされています。プ譜を使ったミーティングにも、同じような効果が期待できます。

4-4

マインドセットは「最短なルートを見つける」より「地図を広げる」

第3章、第4章では、プロジェクト開始前の「合意形成・仮説立案」フェーズとプロジェクト開始後の「振り返り・仮説検証」フェーズに分けて、プ譜を使った初期のプランニングと合意形成の方法、振り返り・ミーティングの方法について解説してきました。ここからは、未知で不確実なプロジェクトをチームで進めていくにあたってのマインドセットと、新たな役割・職業についてお伝えしていきます。

筆者は東京経済大学の藤井ゼミで、２０１９年から一年にわたり、プロジェクト学習（Project Based Learning）、通称ＰＢＬの支援を行っています。ＰＢＬは主体的な学習を実現するための手段として注目されている学習方法です。自分が興味を持ったり、解決したい課題に遭遇したりしたとき、プロジェクトを興し、進めていく力は、これからの時代に必要な能力です。

藤井ゼミでは毎年、複数のチームに分かれ、様々なプロジェクトを行い、そのプロセスの中で、企画を実現させる力、ステークホルダーを巻き込んでいく力、コミュニケーション力、プレゼンテーション力を養い、これからのキャリア形成の礎になるような経験を積んでいます。これまで小中学生向けの宇宙教育プログラム開発プロジェクト、東京経済大学のOB・OG・現役大学生によるLinkedInのような人材ネットワーク構築プロジェクト、企業とコラボレーションした寝具開発プロジェクトなどが行われてきました。筆者はこれらのプロジェクトのプロセスを記録し、プロジェクトを進めていくためのツールとしてプ譜の活用支援を行ってきたのですが、プロジェクト推進以外に、プロジェクトを進めていくためのチームと役割についての考察を同時に行ってきました。

そこで、プロジェクトを進めていくことのできるチームのマインドセットの特徴と、それを支援するプロマネやリーダー以外の役割が見えてきたのです。

まず、マインドセットについてです。プロジェクトは未知で不確実であるがゆえに、自分たちが持つ知識、技術や経験が本当に役に立つかどうかがわかりません。それらをどうにか今あるものでやり繰りしたり、足りないものは学習・習得したり、限られた資金や時間のなかで調達したりします。

プロジェクトチームは、プロジェクトに取り組むにあたり、これなら万全だといえる状態でスタートするわけではないということです。未知で不確実なものに、不完全なチームで挑むことになります。それゆえ、失敗するプロジェクトでは「うちにはろくな人材がいない」という嘆きをプロマネから聞き、「もともと経験がないのに無理だったんだ」という愚痴をメンバーから聞くことになります。しかし、説明したようにプロジェクトに挑むチームとはそういうものなのです。そんな不完全、不足な状態でスタートするのがプロジェクトチームです。

では、こうした不完全、不足な状態でスタートするチームは、未知で不確実なプロジェクトの前では失敗するしかないのでしょうか? そんなことはありません。不完全で、不足な状態でスタートするからこそ、当初の計画通りにはうまくいかないことを自覚し、自分たちのプロジェクトに活用できる情報やツール、機会や事象があれば、それらを積極的に使っていくべきです。

企業の新規事業開発プロジェクトでは、過去の成功体験や培ってきた知識・アセットがあるがゆえに、そうしたものを意識的にも無意識的にも正しいものとして、他の手段や外の考えを活用するということに意識が向きにくくなっています。既製品の改善活動であればそれで良いかもしれませんが、まったく新しい製品、ビジネスモデルであれば、そうした経験や知識は役に立たない可能性があります。そうしたとき、使えるものは何でも使うというマインドセットになっていないと、やり方・考え方にこだわりすぎてしまって、プロジェクトを停滞させてしまいかねません。

東京経済大学のＰＢＬでは、プロジェクトがうまく進んでいないチームには、プロジェクトを進めるなかで遭遇した新しい情報や、使えそうな素材や周りからの助けを、当初の計画外からやってきた「異物」「邪魔なもの」として受け止めてしまいがち、という特徴がありました。しかし、うまく進められているチームは、そうした計画外のものをどんどん活用していく傾向が強いです。「ちょっと腰が軽いんじゃないか？」と、見ている側が心配になることもありますが、使えるものはどんどん使おうというマインドで、プロジェクトをどんどん進めていきます。

これまで再三述べてきたとおり、事前に「このとおりやれば絶対に成功する」という完璧なプランを作ることは不可能です。しかし、どうしてもリニア（直線的）な、最短経路でゴールにたどり着くプランを描いてしまい、また「そうありたい」「そうであってほしい」という願望が重なって、そのルート以外の道を開拓しようとしないのです。一年間の支援を終えて、**プロジェクトにおいては、「最短なルートを見つける」というより、「(自分たちの)地図を広げる」というマインドセットのほうが良いのではないか**と考えています。もちろん、少ない手数で成功に辿り着くのが理想なのは言うまでもありません。大事なのは、そんなことは稀であるということを認識したうえで、基本的なマインドセットは「地図を広げる」式にしておくということです。

4-5 使えそうなものはどんどん取り入れる

地図を広げる式のマインドセットにあるチームのプ譜を見ていくと、施策の数やそこで遭遇した事象や獲得した情報に対応した数が、行動量として一目瞭然になります。逆に、最短ルート式のマインドセットにあるチームのプ譜は、施策の数もそこで得た事象や情報への対応の数も少なくなります。地図を広げる式のチームは、主体的にプロジェクトに取り組み、自分たちに足りないもの、活用できるものはどんどん使っていきます。こうした今の自分たちに不足しているものや、使えそうなものはどんどん取り入れていくという姿勢は、「構成主義」という考え方でとらえることができます。

構成主義（Constructivism）は様々な領域で使われていますが、教育の世界では、子どもたちの空っぽの頭に知識を教えこんでいく（教授主義）のではなく、子どもたちが教師の助けを借りながら自分たちで知識を構成・組み立てていくという学習・教授理論を指します。

自分たちにとって未知の要素がすこしでもあれば、それはプロジェクトといえます。プロジェクト＝未知のことに取り組むということは、プロセスが確立されていない仕事ということです。プロセスが確立された仕事は、学習してから実行することができますが、プロセスが確立されていない仕事は学習しながら実行するしかありません。教授主義のように誰からも「こうすれば失敗しない」と教えられることはないのです。そのため、チームで知識を構成していく必要があります。そして、この知識を構成するのは、一人ひとりのプロジェクトメンバーであることは言うまでもありません。**一人ひとりのメンバーが施策を実行するために新しい知識を仕入れる。施策を実行した結果から、より良い実行方法・改善案を考える。そうしたプロセスをプロジェクトメンバー間に共有する。メンバーがそれぞれに持ちよる知識や経験によって、プロジェクトチーム全体の知識が構成されていきます**。プロジェクトはこうして構成された知識を総動員し、目標を成し遂げにいくのです。

このようにとらえてみると、**知識や技能は個人だけでなく、プロジェクトチームにも宿る**ともいえます。プロジェクトメンバーのなかには、自分は他者と比べてスキルが少ない、経験が浅いといって積極的にプロジェクトにかかわってこない人がいますが、このようにして考えてみれば、自分自身にも、他のメンバーにも、一人ひとりの存在がいかにチームにとって重要な存在であるかということを理解してもらえるのではないかと思います。

4-6
「不完全である」とは「伸びしろがある」と同じこと

不完全、不足な状態でスタートするチームは、伸びしろしかないというふうにも表現できます。これについてはZPDという概念で説明しましょう。ZPD（Zone of Proximal Development：最近接発達領域）はロシアの心理学者レフ・ヴィゴツキーが提唱した概念で「自主的に解決される問題によって規定される子どもの現在の発達水準と、おとなに指導されたり自分よりも知的な仲間と協同したりして子どもが解く問題によって規定される可能的発達水準とのあいだのへだたりのこと」です。

※L. S. ヴィゴツキー（2003）『「発達の最近接領域」の理論：教授・学習過程における子どもの発達』土井捷三・神谷栄司（訳）、三学出版

ひとりではある水準にしか達しないけれども、仲間と協同することによって、ひとりだ

図19：ZPDをプロジェクトの世界に置き換えてみるとこう解釈できる

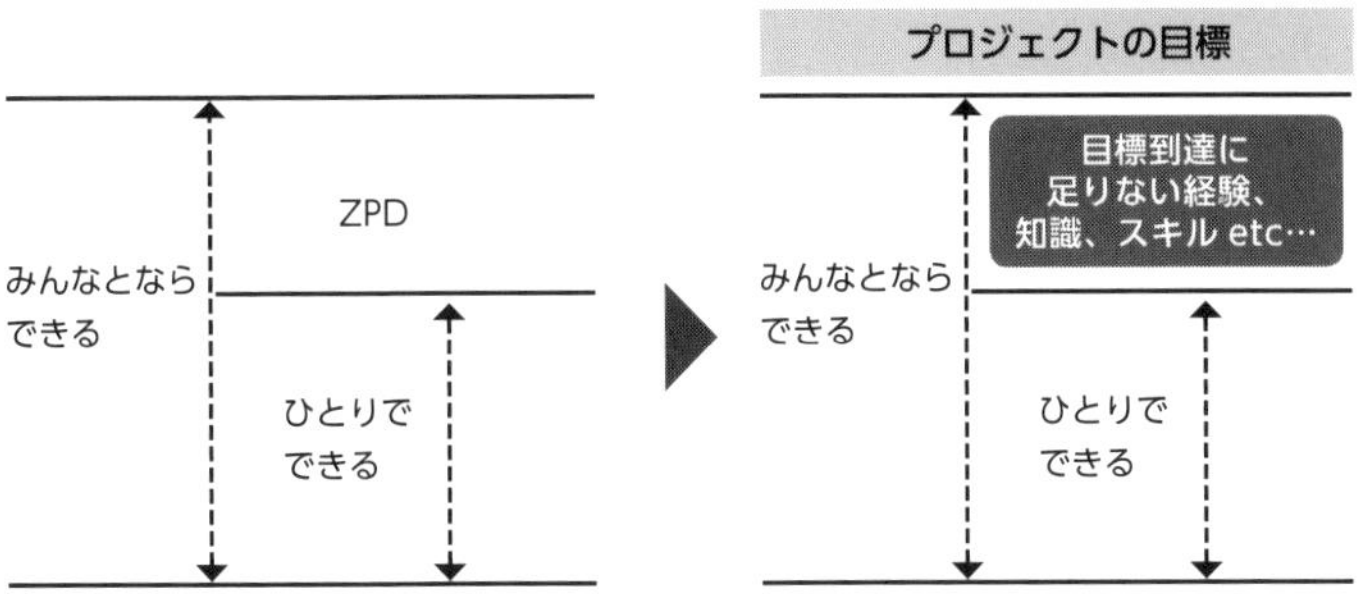

Figure:Original by Mitzub'ixi Quq Chi'j
ZPD, Zone of Proximal Development,
L.S. Vygotsky: Mind in Society: Development of Higher Psychological Processes, p. 86, Cambridge, Mass.:Harvard University Press.
上記を基に筆者加筆

けでは到達できなかった水準に到達することができる、というものです。この概念は幼児教育では子どもの発達の支援、教育の世界では協同学習（cooperative learning）を促すものとして重視されているものですが、プロジェクト、プロジェクトメンバーに当てはめてもまったく同じことが言えるのではないでしょうか。

プロジェクトメンバーが「今、何ができるか」だけを見て悲観するのではなく、プロジェクトを進めていくうえで、**「新たに何を学ぶことができるのか」**を見たほうが、ずっとワクワクするではありませんか。自分もチームも不完全な状態でスタートするわけですから、極端なことを言えば、個人もチームも伸びしろしかありません。できることだけを積み重ねても、できないことができるようになるわけではありません。プロジェクトメンバーと共に働き、共に学ぶことで、今まで自分ではできなかった能力が開発される。ZPDがユニークなのは、ZPDは予め設定されているというより、他者からの働きかけ・相互作用によって「創造」されるというところです。

プロジェクトメンバーによって引き出される自分の能力が異なるものになる。そうなることで、各々のメンバーがその能力と経験を以て、新しいプロジェクトに向かうことができるようになります。

こうしたZPDへの働きかけは、「あれをやってはいけない」「この通りにやりなさい」というマニュアルや中央集権的な組織、最短ルートを目指すマインドセットではうまくいきません。やったことがなければ、誰もこの通りやれば成功するという方法を教えられないのですから、様々なメンバーが自分の知識や経験を持ち寄り、アイデアを出しあい、考え実行したことを振り返るといったことが必要になります。これをひとりではなく、プロジェクトメンバーとともに行う。これによってプロジェクトメンバーのZPDは拓かれていくのではないでしょうか。

「いや、自分たちのプロジェクトメンバーは、目標達成のために集められた完璧なスキルと知識を持っている」と言える人は幸せです。ただ、そうしたチームであっても、個々のメンバーが優秀なだけでは不完全です。個々のパーツの品質の高さより、それらが組み合わさった上でのパフォーマンスが求められます。個々の総和は全体を超えなければなりません。

決められたことは一生懸命やるけれど、いま自分がしていることが他の要素とどう絡んでいるかということを理解せずに仕事をしていては、個々の総和を超えられません。「your project」「our project」を経て、自分の仕事が全体のどこに位置付けられ、どのような影響を及ぼすかということはメンバー間で理解されているはずです。もし、あなたのチームがすでに出来上がっていたとしても、ぜひ互いのプ譜を書き、見せあうことをして、メンバーのイメージを共通のものにしていってください。

4-7 プロジェクトエディターとは

最後に、プ譜を使ってプロジェクトを進めていくにあたっての、新たな役割・職業についてて、みなさんに提案したいことがあります。東京経済大学のＰＢＬ支援では、プ譜を記録し、プロジェクトの進行を俯瞰的に支援できる役割を担うものとして、**「プロジェクトエディター」**という役割を置きました。

前著で筆者は、プ譜を「工学の三要素である観測、記述、制御にのっとった、プロジェクトのための〝エディティング（編集的）〟ツール」と表現していました。時系列的な遷移も含め、逐次変化するプロジェクトの状況・全体像を可視化するための記述方法であるプ譜を担当する人物は、ただ起こった出来事を記録する係では済みません。

今、自分たちのプロジェクトがどのような状況にあるのか。今の進め方を続けて問題がなさそうか。獲得した情報や遭遇した事象のうち、使えるものはないか。逆に捨ててよいものはないか。採用した新たな施策によって、他の要素はどのような影響を受けるのか、など、多くの考えるべきことがあります。

こうしたことを考えるのは、「管理」をするという行為の範疇を超えていると筆者は考えます。部分にとらわれず、また最初の計画にこだわりすぎず、その場の状況に応じて、ツジツマを合わせながら、全体の目標に向かってプロジェクトを進めていく。プロジェクトを進めるなかで遭遇した事象や情報を機会・素材としてとらえて、臨機応変に対応する。このような思考や行為を、筆者は前著で「編集」という言葉で表現しました。そしてプ譜を使ってプロジェクトを編集する人物・役割を、「プロジェクトエディター」と呼んでいます。

前著でプ譜という概念を提唱し、本書執筆までの間、多くのプ譜を制作するワークショップを行ってきましたが、そのなかで、誰がプ譜を記録・管理するのか？　ファシリテートは誰が行うのか？　といった質問が多く寄せられました。当初、筆者はそうした仕事はプロマネが担えると考えていたのですが、いざ色々なプロジェクトに関わってみると、プロマネひとりでプ譜を記録・更新し、会議をファシリテートし、俯瞰的に見ながらも、個々のメンバーの活動を支援することは至難であることがわかってきました。

プ譜を使ってプロジェクトを進めるには、これまで複数の人物が行ってきた仕事を統合する必要があります。

- プ譜を書き、記録し、更新する力
- プロジェクトの目標を、自分なりに解釈して勝利条件として表現、定義する力
- 勝利条件を実現するための中間目的を表現、定義する力
- 個々に書かれたプ譜をもとに、合意形成していく力
- より高次の勝利条件を導くファシリテーション能力
- プロジェクトのフェーズ、粒度を適切に切り分ける力
- 遭遇した事象をありのままに記述する力
- プロジェクトの全体を俯瞰して、要素間のツジツマを合わせる力

こうした力は、プロジェクト開始前の「合意形成・仮説立案」フェーズとプロジェクト開始後の「振り返り・仮説検証」フェーズで求められるものです。

そして、本項で述べたようにチームで成長した上で、下記のような力が求められます。

- チームの知識を構成していく力
- 個々の学習を支援していく力

こうしたことに加え、プロジェクトでは知識は構成していくのだということや、当初の計画に拘泥せず、計画は変えて良いのだというメッセージをメンバーに発信し続けることも重要な仕事です。

ただ議事録を取るだけではない。**記録したものを評価・検討し、意思決定を行う。プロジェクトメンバーが常に勝利条件から逆算して考え、行動することを助け、チーム全体を集団思考の弊害から守り、本質的に学習の機会にあふれるプロジェクトでの個々のメンバーの学びや成長を後押しする。**こうした役割をプロジェクトエディターが担うことで、プロマネにとっては、助手席に座って未知のプロジェクトをナビゲートされたり、助言を与えられたりといったことのできるプロジェクトの輔弼になってもらうことができます。

かつてパターンランゲージの考案者であるクリストファー・アレグザンダーが、建築の設計をするアーキテクトと、施工するコンストラクターが分離していることを問題視して、アーキテクト・ビルダーという考え方を提唱しました。アーキテクト・ビルダーとは、アーキテクチャを作り換えながら、現場で実際に作り込む作用を行う人のことを言います。プロジェクトでは当初描く戦略と、実際の現場の状況とが徐々に乖離していき、当初の計画に固執してしまうことで失敗・炎上していきますが、プロジェクトエディターは、メタ的に状況を俯瞰して全体のツジツマを合わせていく観の目と、現場の状況に対峙していく見の目の持ち主として、方針と現場の間をつなぐ役割、マネージャーとメンバーの間をつなぐ役割を担うことになります。

プロジェクトでは、知る必要のある事柄がプロマネにもメンバーにも明示されません。これをやればうまくいくというマニュアルも与えられません。前項で紹介したデューイは、プロジェクトとは本質的に「Learning by Doing」と言いました。プロジェクトのプロセスから個々のメンバーは学習し、チームとして成長します。プロジェクトエディターはそうした学びと成長をも支援するのです。

本書執筆時、東京経済大学のＰＢＬでプロジェクトエディターを担った学生諸君との振り返りはまだ行っていませんが、一年間の活動を通じて、プロジェクトエディターにどのような素養・スキルセットが必要かということを整理していきます。ここで得た成果はまた別の形で発表することがあると思いますので、プロジェクトエディターという新しい仕事に興味や期待を持ってくださった読者の方は、その成果を楽しみにお待ちください。

第5章

成果が自発的発展を呼び込む「燃焼プロジェクト」の作り方

よく乾いたもの　少し湿り気のあるもの／太いもの　細いもの
／よく選んで　上手に組み立て／火を焚きなさい／火がいっし
んに燃え立つようになったら／そのオレンジ色の炎の奥の／金
色の神殿から聴こえてくる／お前達自身の　昔と今と未来の不
思議の物語に　耳を傾けなさい

（山尾三省）

ここまで、プ譜を書くことで実際にどのような効果が得られるか、また、どのように書いて、どのように活用していけばよいのかということについて、事例を交えながらその考え方や手順、注意事項などについてご紹介してきました。そもそも取り組む対象が未知であるだけでなく、関係者の頭や心のなかが見えていない状態から出発して、いかに素早く相互に認識を補い合って、進むべき道を見出すのか、そして、実際に着手した結果から素早く学び、軌道修正していくのかについて、イメージを持っていただけたかと思います。

本章では、なぜプ譜を書くことが物事を前進させることにつながるのか、そのメカニズムについて考えてみたいと思います。すなわち、プロジェクトの全体のなかで、目に見えて手が届く範囲、つまり「部分」を適切にマネジメントし、積み上げ、延長させることで望ましい「全体」に迫る方法です。プロジェクト工学第二のモデル。プロジェクトを前に進めるための推進メカニズム「薪ストーブサイクル」のご紹介です。

5-1
優れた勝利条件の表現を発見するためには相応の試行錯誤を経る必要がある

「業務改善したい」「新サービスを開発したい」「チームの結束力を高めたい」など、プロジェクトにおいては様々な目標や手段が語られます。しかしそれを達成するためにはどんな資源や施策が必要なのかについては、限定的な知識を用いて取り組まざるを得ません。もっと近道があるのに遠回りをすることも、最短ルートをひた走っているつもりで、実は逆走してしまっていた、なんてこともあるかもしれません。

そもそもそれ以前に、ゴールテープを切ったその先に落し穴があるかもしれず、当初の目論見を達成したとして、その結果何が起きるのかについてすらわからない状態から出発するしかありません。

数学の問題であれば、未知数があり、制約条件と既知の値が存在して、ゴールから逆算して求めたい値を算出することが可能です。証明という厳密な手続きを経ることで、その解答が正しいと言い切ることにおいて、なんの躊躇もしなくてもいい根拠が得られます。プロジェクトを進めるうえでのあいまいさは、こうした数学的な考え方と実に対照的です。

筆者はかなりの心配性で、悪く言えば後ろ向き、良く言おうとしても、完全主義の人間なのですが、そんな私にとって、プロジェクトとは非常に大きな不安をもたらすものです。例えば、将棋の棋士が勝利インタビューで「勝ちを意識したのはどの局面ですか」と聞かれて、本当に詰みが見える直前の、最後の最後の局面だと答えることがよくあります。心情として非常に共感します。どんなに優勢でも、一手間違えてしまったら、これまでの経過すべてがパーになってしまう。詰み筋が読めたと思っても、読み抜けが本当に、絶対にないと言い切るのは、切迫し疲労している対局のさなかにあっては困難なことです。

私たちのプロジェクトも、一局の将棋に似ています。ちょっとしたきっかけで関係者の考えや狙いはあっという間に変化しますし、成果物が期待する期日に仕上がるかどうか、本当の意味で読み切れる瞬間は最終盤に至ってようやく訪れます。

そこで、**プロジェクトを推進するための強力な手がかりになるのが「勝利条件」**です。「要するに、簡単に言えば、最終的にこういうふうになればそれで良い。手段や過程はその状況次第で柔軟に考えて構わない」という基準があり、これが関係者同士で深く合意されていることは、いつ想定外の事態が訪れるかわからないプロジェクト進行において、とても安心できる根拠を与えてくれます。優れた勝利条件の表現は、それ自体がプロジェクトを推進するエンジンのような役割を果たしてくれます。様々な知識や能力、動機を持った関係者の力を共通の方向に引き出してくれるからです。ちなみに、将棋においても、良い局面とは「すべての駒が働いていて、無駄がない状態」だと言います。

外部環境がいかに変化しようとも、最終的にたどり着きたいあり方が変わらなければ、慌てる必要はありません。いつだって変化に対応し、必ず勝利条件を満たすまで諦めないぞという覚悟さえ持てば、あとはそこに向かって一歩ずつ歩んでいけば良いのです。

勝利条件とは、それほどまでに、プロジェクトにとって重要な要素です。ただしそれは、単純に、「これが勝利条件だ」と宣言しさえすれば良い、というものではありません。恣意的に、好き勝手に立てた条件では人は動きません。実際に役立つ勝利条件を立てるには、二つの相反する要件を満たさなければならないのです。

まず一点目はそもそも「すべての関係者にとって達成できると確信が持てるもの」でなくてはなりません。そして、これに加えて「すべての関係者にとって実現することに意味がある」ということをも満たす必要があります。人は、自分にとって切実な意味があると思えるものごとでなければ、時間を割いたり工夫をしたりしたいとは思えないのです。

勝利条件とは、現実によりすぎても、理想によりすぎてもいけません。かといって、理想と現実の中間をとった、折衷的なものでも駄目です。そこにはある種の発想の転換や意外性、「言われるまでは気づかなかったけれど、確かに言われてみればこれしかない」というコロンブスの卵的な発見が必要なのです。

しかし、そもそもプロジェクトを開始した時点でそんな秀逸な表現が見つかることは少ないものです。一定の試行錯誤を経て、周囲の環境や自分たちの潜在能力について理解が深まり、何が本当に実現したいあり方なのか、自分たちはどうなりたいのかを内省して初めて、「自分たちは、とどのつまりは、どうなりたいんだっけ？」という素朴な疑問にたどり着きます。そうして初めて、**優れた勝利条件の言葉を必要としている自分たちに気づく**のです。

5-2
不完全な目標設定から出発することを恐れる必要はない

その意味では、プロジェクトにおいては絶対的な正解などというものはそもそも存在しないし、なくて構わないし、あると思うから間違えるのだ、と、思ったほうがむしろいい。プ譜を書くのは神の視点で全部見渡し、数学的に厳密な「正しいプロジェクト設計」をするためではありません。問題はそこではないのです。事実として、プ譜を書くことによって、確かに物事は前進します。「神の視点で正しいか」ではなく、「関係者の一人ひとりが、いまという時間に手応えを感じることができているか」これこそが大切なポイントです。

多くの事例をとおして得られた実感としては明らかに、勝利条件の表現の仕方には巧拙があり、優れた表現はより優れた進行をもたらします。しかしこの事実がそのまま、「優れたプロマネは、ただちにあるべき勝利条件を見抜く魔法のような洞察力を持つべきである」という命題につながるわけではありません。

「まずは書いてみる」という行為自体の価値を信じてください。正しかろうとそうでなかろうと、優れていようとそうでなかろうと、書くことによって、これまでモヤモヤと存在していた意思疎通の障害を取り除くきっかけが生まれます。そして、一人ひとりの人間のなかにその実感が生まれることは、「より優れた勝利条件の表現がどんなものなのか」について、ああだこうだと考えることよりも、はるかに大切なのです。

こうしたプロジェクトの進め方を念頭に置いてプ譜の役割を考えると、**関係者同士の認識の補正**、という言葉がぴったりします。かかわる人の立場や利害、動機や知識など、様々な違いが、そのプロジェクトに対する認識の違いを生み出します。同床異夢。一見、共通の認識で同じゴールに向かっているようで、実は、無意識の領域にあって語られない勝利条件や中間目的の違いが、施策の違いを生んでしまう。こうした事情により、しばしば組織においては、表面的な言葉の上ではゴールが一致しているのにもかかわらず、具体的なアクションがバラバラになってしまい、流れや勢いが滞ってしまう、ということが起きています。

プ譜の形で頭のなかに描いていることを書きだすと、相手が何を目的として考えていて、何を手段ととらえているのかといった、**プロジェクトを構成する要素の位置付けの違いが**

明らかになります。それを目で見て認識することで、なんだ、あのときのあれは、そういうことだったのか、と、腑に落ちる感覚につながる。どこにギャップがあったのかがわかる。結果、互いに何を気にかけて、どのように助け合っていくとよいかのイメージがつかめる。

こうしたプロジェクトの全体像に対する認識合わせは、メンバーそれぞれの力をどこに注ぐべきかを明確にしてくれます。そこに納得感が得られて初めて、行動を起こすときにも力がこもります。

知識が有限である以上、全体を最初から見渡し、見通すことはできない。しかし心配はご無用。**認識を補正しあって、絶えず「仮説としての全体像」を更新していくという、一つひとつの行動原理が正しければ、最終的には、結果として、認識範囲を超えた領域における正しさに、たどり着ける**。そんなふうに考えることで、プロジェクトというあいまいで不確実なものに立ち向かう、確かな根拠を持つことができます。

そうして「仮説としての全体像」を更新するなかで、ある瞬間に「これこそ自分たちが心から確信を持てる勝利条件だ」と思える言葉に出会える瞬間がやってきます。それさえ捕まえることができれば、神の視点を持たない人間同士であっても、十分に未来への確信を持って物事を進めていくことが可能になります。

5-3

薪ストーブの原理に見出す、部分を正しくすることで、正しい全体に至るヒント

本当の意味で全体的な状況を把握することが不可能である以上、部分的なマネジメントを正しくすることで、望ましい全体像に到達する方法が必要です。これこそが、私たちが手に入れるべき力です。それはいったいいかなるものなのでしょうか。もちろん、「プ譜を書きましょう」ということが、筆者らが提案する実にシンプルな方法なのですが、そのメカニズムを解明し、ご提示するのが本章の目的です。

火が燃える、燃焼という現象からの比喩で、考えてみたいと思います。

キャンプやアウトドアレジャーで、バーベキューで炭に火を熾したり、薪ストーブや焚き火に火をつけるといった経験のある方も多いかと思います。不慣れな人にとっては、あの火を熾すという行為は、なかなかのプロジェクトです。着火剤に火をつけ、まずは新聞紙や細い枝、牛乳パックといった燃えやすい燃料に火をつけて、徐々に大きな燃料に火を移す。そんな手順を、理屈ではわかっていても、うまくいきません。酸素が足りないと思って一生懸命あおいだら、逆に温度が下がって消えてしまったり。やっと火がついたと思ったら、今度は強すぎで調節に困ったり。

筆者はもともと、特にアウトドアに興味があった人間ではなく、たまたま機会があって薪ストーブに火をつけなければならないことがあり、大変に苦労したのでした。着火剤を投入すれども、温度が上がらない、火がつかない。夕闇が濃くなり、気温も下がってくる中、「なぜうまくいかないいんだ！」と苦悶したものでした。

そこでふと思い出したのが、燃焼の三要素という言葉です。小学校で必ず習う「酸素」「燃料」「エネルギー（温度）」という三要素を覚えておられるでしょうか。確かにこの三者を一緒にすれば、火はつくはずなのです。自分はこれを間違いなく提供している。なのに、うまくいかない。それはいったいなぜなのか？　ということを考えたとき、そこに「部分から全体」マネジメントのヒントがあると気づいたのでした。

鍵になったのは、事前に薪ストーブの扱い方を教えてくださったインストラクターの方の言葉です。

「着火するときの初期設定では、薪は不格好に積んではいけません。空気が流れるように組む必要があります。また初期段階では酸素の流れが十分ではないため、ストーブのドアをうまく使いましょう。2センチメートルぐらいの、ちょっとした隙間をあけることで、鋭い風を炉内に送り込むことができます。こうして酸素をたっぷりと供給することで、着火してください。

でも気をつけて。ここで酸素を送り込むといっても、入っていくのは冷たい空気です。せっかく暖まった炉内を冷ましてしまうと、火は熾しにくくなります。バランスが肝心です」

火を熾すとき、「酸素」「燃料」「エネルギー（温度）」は、ただ単純に、そこに並べればいいというものではない。酸素と燃料が出会い、結びつくための、空気と温度の**流れのデザイン**をしなければいけない。流れがないところに貴重な着火剤をいくら投下しても、ただ単に燃えてなくなってしまうだけ。

四苦八苦して、火を熾して、「流れ」を意識してうまくいったときは大変に嬉しかったものです。その後はピザを焼いたり、スープを作ってみたり。なんでもないような成果物ではありますが、無事食事ができて、暖かく就寝できたころには、すっかりその世界に魅了されてしまいました。

その後何度か訪れて、練習している間に、着火剤ひとつあれば火を熾すことができるようになりました。

不思議なもので、そんなふうに何度か経験しているあいだに、空気が流れやすい組み方、そうでない組み方を見て判別ができるようになりますし、前者は美しく、後者はそうでないように感じる、感性のようなものも備わっていったのでした。

5-4

プロジェクトチームもまた、薪ストーブのように、着火が難しい

この過程で連想したのが、**心に火がつかないプロジェクトチーム**でした。そこに仕事もある、報酬もある。しかし肝心の、前進しようという意志が弱く、推進力が弱い状態。上司がはっぱをかけてみたり、あるいはボーナスで釣ろうとしてみたり。あの手この手でモチベーションアップを図ってはみるものの、報告会のたびに出てくるのは、がっかりするような報告ばかり。

単純なたとえですが、はっぱをかける上司の声は、もしかしたら「酸素を送り込んでいるつもりで、冷たい風が炉内の温度を下げている行為」だったのかもしれない、と、思ったのでした。金銭的な報酬を出しても、瞬間的にしか効果が上がらないのは、「着火剤の火を薪に移すことができずに、無駄に何個も消費してしまっている」という構図に似ている。

薪ストーブの素晴らしいところは、中心となる太い薪にしっかりと火が移って、赤々と燃えている**「熾火（おきび）」という状態になると、ちょっとやそっとでは消えなくなる**ということです。そうなったらこっちのもの、薪をくべるときに、いちいち組み方や流れに気を遣う必要はなくなります。ぽいと一本入れたら、しっかりと燃えてくれる。高いエネルギーが維持されていて、空気の流れができているからです。これぞまさしく、薪や空気という入力と、ぬくもりという出力の相関関係が安定しているルーティンワークの世界です。

そんなところも、人間の組織に似ています。第4章で、新しい情報や素材を「異物」と考えずに、どんどん取り込んだチームの事例をご紹介しましたが、まさにその状態です。いいプロジェクトチームは、まさしくこの「熾火」に近い状態が発生しています。ちょっと想定外のことがあったとしても、うまいこと処理していける。仕事をこなして成果を出すことで、外から動機を「付け」られずとも、その反応熱で、自分で自分にエネルギーを与えることができる。そして、その燃焼状態自体が、次の機会や資源、知識を生み出し、呼び込み、さらに活動を活性化させていく。

そんなふうに、燃焼に例えて、プロジェクトにおける人間の心と作業の関係を模式的に描いたのが、この図です。ひとりのメンバーの心と作業の循環サイクルを描いています。

プロジェクトにおける最もミクロな構造とは**「新たに発生したタスクや課題を、ひとりの人間がこなして、処理して、次の工程に送る」**ということです。大切なのは、ここで人がタスクに取り組むことに心のなかで何らかの意味や意義を見出し、モチベーションやエネルギーを発生させることです。当事者意識の低い状態で、ただ単に報酬をもらうための活動としてそれをこなすのか、自分にとって何かしらの主体的な意味があると思って取り組むのか。結果はまったく異なります。


ひとくちに課題といっても、様々なものがあります。偶然ふってわいた想定外の課題もあれば、当初の計画通り、予定通りのものもあることでしょう。進めていくなかでアイデアが湧いてくる、「もっとこうならないか」という可能性としての課題も生まれます。

そのような様々な要因から発生した課題と、その人の心が結びつく、つまり、その課題を解決すると自分は一歩、幸福に近づくと期待ができて初めて、やる気も出てくるというものです。やる気のある人間が強いのは、そこに工夫や学習を加えて新たな能力や知識を生み出す、つまり自分自身が潜在的に有していたポテンシャルを開花させることができることです。

図20

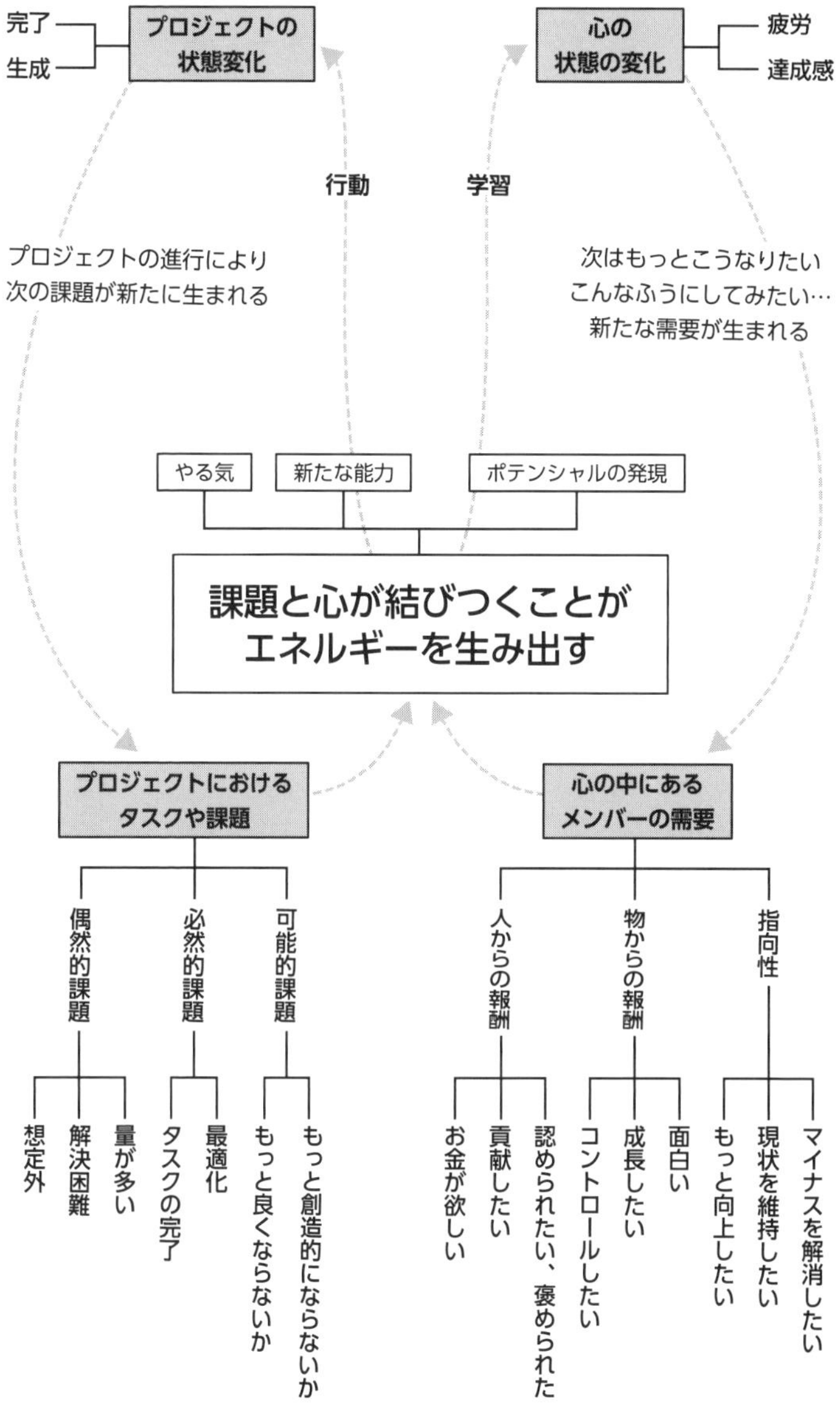
完了
生成
プロジェクトの状態変化
心の状態の変化
疲労
達成感
行動
学習
プロジェクトの進行により次の課題が新たに生まれる
次はもっとこうなりたい
こんなふうにしてみたい…
新たな需要が生まれる
やる気
新たな能力
ポテンシャルの発現
課題と心が結びつくことがエネルギーを生み出す
プロジェクトにおけるタスクや課題
心の中にあるメンバーの需要
偶然的課題
必然的課題
可能的課題
想定外
解決困難
量が多い
タスクの完了
最適化
もっと良くならないか
もっと創造的にならないか
人からの報酬
物からの報酬
指向性
お金が欲しい
貢献したい
認められたい、褒められたい
コントロールしたい
成長したい
面白い
もっと向上したい
現状を維持したい
マイナスを解消したい

ハートに火がつく理由は、人によって様々です。いまマイナスの状態にあるものを、ゼロに戻したい、というときもあれば、もっと積極的に向上を求めることもあります。現状維持を目指す人もいます。また、その作業や課題、手に触れる対象自体が触っていて面白い、興味深いという「物からの報酬」もあれば、それを達成することで誰かから認められたい、貢献したい、という「人からの報酬」もあります。

このように、様々な課題と様々な心の欲求が、プロジェクトを進めていくなかで出会います。ただ出会うだけでは「反応」には至りません。それを解決することで得られる達成感や面白さといった感動が人を突き動かします。

そうして一度燃焼反応が起きたら、心は疲労と達成感を得て、また冷却されています。そこで、「次はもっとこうなりたい」という方向性が出てくると、「心のサイクル」が閉じて、循環することになります。一方の課題のほうも、完了したあと、また次の課題が発生します。こうして互いのサイクルが閉じ、また自律的に出会い、反応する状態になると、あとは、外部からの働きかけがあってもなくても、ぐるぐると自分で回転し続ける状態に至ります。

このような燃焼状態が成立すると、メンバーの側としては、仕事をこなす過程が強制されたものではなくなります。「成果が出る」「評価が生まれる」「次の機会やリソースが舞い込む」「より大きな成果が出る」以下同文……というサイクルになると、まさしく「ちょっとやそっとでは消えない火」の状態になります。おのずと物事が進む、場の推進力が、一つひとつの意思決定や作業の方向性を示唆し、後押ししてくれて、前に進みやすい状態になります。

組織全体を引っ張っていく側からしても、これは願ってもない状況です。なんといっても、少ない関与で効果が得られる、これに勝るメリットはありません。管理しなくても、成果が出る。しかし大切なのは、燃焼に必要な要素をただ並べただけでは、いけません。互いに反応させ、熱を発生させ、成果と資源獲得の連鎖がぐるぐると回るサイクルを確立しなければなりません。

仕事をするうえで、いいチームは、モチベーションが高く仕事自体を楽しむものです。難しい仕事をクリアすること自体が自然と次のモチベーション源になる。アイデアや貢献が自律的、自発的に生まれて、その場にいること自体がワクワクする体験になる。つまり、心の完全燃焼が起きる。薪が十分な酸素を供給されて赤々と熾っている状態は、まさにこれと対比して考えることができます。

薪ストーブ式は、陣頭指揮にあたって具体的な指示を直接あれこれと飛ばすよりも、遠回りな方法ではあります。しかし苦労してその状況を作り出すことができれば、そのあとは非常に生産性の高い状態を長期間享受できるというメリットを得られます。

5-5

人の心に推進力が生まれる「形」と「流れ」を作り出そう

では、人の心に燃焼を起こすためには、何を、どのように考えればよいのでしょうか。薪ストーブ体験において、初心者は最初、こう考えます。

- 薪＝可燃物
- 酸素＝そこらじゅうにある
- マッチ＆着火剤＝引火点以上の温度

これは決して間違いとはいえませんが、見立てに少々問題があります。このように見立てているうちは、火がつかないから、着火剤を大量投下してつけようとする以外に方策が思いつけないことでしょう。プロジェクトでいうと、メンバーの当事者意識が低いので、「当事者意識を持て」とはっぱをかけることで、当事者意識を持たせよう、といったようなカードの表裏を返しただけの単純なロジックでしか物事を考えることができない状態です。

まず、問題なのは酸素です。燃焼が継続するためには酸素が供給され続ける必要があります。そのために、ストーブ内部の排気路をあらかじめ温めておいたり、扉をちょうどいい隙間にして鋭い風を送る、という仕掛けを工夫する。「空気がそこらじゅうにある」は必要条件ですが、十分条件ではないのです。

薪はもっと大事です。もちろん薪は可燃物としての役割を果たしますが、これを「組む」ことによって、酸素の流れを作るのが肝心です。そして着火剤。これが燃焼の出だしを担うのはもちろんなのですが、自身の燃え尽きとともに、早々に役目を終えます。「引火点以上の温度」を実現し続ける主体は、何を隠そう、燃焼の当事者である薪なのです。こうして見ると、燃焼の三要素は、理論自体は正しくても、現場で使いこなすためには、ちょっとした工夫とアレンジが必要だということがわかります。

以上を踏まえて三要素と実際にあるモノの役割を整理し直すと、こういうことになります。

● マッチ＆着火剤＝引火点以上の温度提供（三要素の出だしだけを担う特別な存在）
● 薪＝可燃物、酸素供給、引火点以上の温度維持（三要素のすべてを一身に担う）
● ストーブ＝酸素の通り道、可燃物の把持（三要素の結合を実現するために実は最も重要な外枠）

このように見立てることで、例えばあるプロジェクトチームが不完全燃焼状態にあるとき、その理由がどこにあるかが見えてきます。燃焼には副産物というものがあって、二酸化炭素や一酸化炭素、それに水や可燃物の酸化したもの、こういったものが発生します。不完全燃焼が恐ろしいのは、一酸化炭素をはじめとする、有害な副産物が燃えずに室内に充満することです。

集団作業において、金や名誉などの報酬は心が燃え上がるためにとても重要な要素ですが、それらは、ただそこに並べて提供すればよいものではありません。隣の人よりも自分が少ないとか多いとか、これだけ頑張っているのにそれが認められない、こうした副産物がチーム内に広がってしまうと、リソースを投下しているにもかかわらず、生産性が下がってしまう。

スキルや知識などというものは、それを有する人を揃えてからアサインする、なんてことをやっても、そう簡単にはぴたりとはまることはありません。報酬についても、人によって与えられるものをどういう意味に置き換えるかは千差万別で、同じ1万円でも、嬉しい人もいれば不十分だと思う人もいます。金よりも評価が大事な人もいれば、金や評価ではなく、自己成長、自己実現欲求のほうが大事だという人もいます。

つまり、ひとりの人間というストーブがあり、そこに薪という名の課題や作業、酸素という名の報酬が取り込まれる。この両者が高い意欲のもとに結合すると、燃焼の流れが生まれる。「学び」や「知識」が副産物として生成されて、次の燃焼に活かされる。ぐるぐるぐるぐると循環することで、運動が安定する。と、こういうわけです。どんな課題や報酬がその人にとって適しているのかは、人それぞれです。本人にすらわかっていないことも多かったりします。一番最初に発火点を超える瞬間は大事です。先輩や上司に聞かされるビジョン、わからないなりにやってみた結果から得られた喜びや悔しさ。ある種の感動がなければ、心は動き出しません。その感動を与えるきっかけが、着火剤であると、そんなふうに見立てると、プロジェクトにおける人の意欲の発展段階が理解しやすくなります。

5-6
課題と成果がぐるぐる回り、自発的に発展する「燃焼プロジェクト」の作り方

いくらひとりで循環サイクルが成立していたとしても、ずっとひとりで燃え続けるのはなかなか難しいものです。薪ストーブもそうですが、熾火とは、燃焼状態にある薪同士が互いに熱を与え合うことによって、次の酸素を取り込み、副産物である二酸化炭素を煙突に送り込む、そんな循環を継続的なものにしています。

これを人間の組織で実現するために、「四つのデザイン」を施すことが必要になります。

A＝最初に「心」と「仕事」を結びつけるための、人と課題の「関係性」のデザイン

B＝最初の反応閾値を超える「感動」のデザイン

C＝ひとりのなかで、サイクルが確立する「円環」のデザイン
D＝人同士が温度を高め合うための「空間、時間」のデザイン

これらを考えるためには、まずはマネージャー自身が、過去、どんなことで火がついたのか、心が燃えていた時間を思い出すのがよいと思います。先ほど解説した通り、どんな仕事にも、偶然的、必然的、可能的課題の三種類があります。また幸せになりたい心は、志向性、物からの報酬、人からの報酬に分解できます。どんな課題に取り組むことが、どんな心と結びついただろうか？ それによって、新たな能力、意欲、ポテンシャルが生まれた経験はなかっただろうか？ そんな過去の経緯を思い出し、要素分解して燃焼サイクルに位置付けていくのが、薪ストーブサイクルで人の心を考える第一歩になります。

例として、筆者自身の体験をご紹介します。

課題：新規事業立ち上げのポジションで転職したが、業績悪化のため既存事業の改善の仕事に回された（偶然的課題）
心：いざやってみたら、多くの顧客に感謝され、かえってこれこそ天職だと思うようになっ

た（マイナスの解消、人からの報酬）

新たな能力：カスタマーサクセスの理論と実践に深く触れることになり、付加価値を身につけたことで業績回復の立役者となった

小さなきっかけで始まった活動だったのですが、いざ成果が出ると反響は大きく、みるみるうちに売上も組織も拡大していきました。人材も案件も、成果を出せば出すほどさらに舞い込む循環が生まれたのです。

筆者の場合は、偶然的な課題で、人から評価をいただいたのがモチベーションになりましたが、人によっては、必然的な課題に取り組むのが好きで、人からの評価よりは、プログラムやソフトウェアの改善に没頭したほうが楽しいし生産性が高まる、ということもあるでしょう。人によって、どんな課題とどんな心が結びつくかは、全然違います。人は良かれと思って、他人も自分と同じ価値観を持っていると無意識のうちにイメージしてしまうものですが、メンバーに対して、いまこの瞬間に、自分の論理で火をつける必要はありません。まずは自分自身を知ること。次に、他者と自分が違うということを知ること。そして、メンバーのいまの状態を知ること。この三段階を実践することで、上手に火がつくタイミングを捕まえるための、心の準備が整います。

以上のように、一つひとつの作業や課題が、対応する人と有意義に出会い、成果につながり、それが次の作業や課題を呼び込む流れがある状態を**「燃焼プロジェクト」**と呼びたいと思います。

ＩＴプロジェクトでは納期遅れやクレームの頻発している状況を指して「炎上」と言ったりしますが、これはつまり、作業や連絡のミスが成果物の瑕疵を生み出してしまい、それがさらなる遅れやミスを呼び込む流れを生んでいる、ということです。こうした炎上をいかに鎮火するかは、プロジェクトマネジメントにおける重要なテーマのひとつですが、よくある誤解が「水をかける」という施策だったりします。薪ストーブは、温度が高すぎるからといって水をかけると非常に危険で、事故を誘発します。炎上をおさめるためには「酸素の供給を断つ」か「入れてある薪が燃え尽きる」のを待つしかありません。これもまた、薪ストーブから得るプロジェクトマネジメント術のヒントで、案件が炎上しているときは、その原因を断つのが最善手です。そこに思い至らないと、互いにどちらが悪いかを主張しあい、果てには訴訟に至るといった最悪の事態を引き起こしてしまいます。

5-7 薪ストーブモデルを「個人」から「チーム」に拡張し、見立てる

薪ストーブのたとえ話を延長していくと、企業組織やプロジェクトチームも、次のように見立てることができます。

- マッチ&着火剤＝成功体験やビジョン、物語
- 薪＝人＝主にスキルや知識を担うが、仕事の成果を通じて、自身のモチベーション源ともなる
- ストーブ＝役割と報酬の関係性を司る、チームの構造を作る人、情報インフラ

ビジネスが立ち上がるためには、まず創始者の着火が不可欠です。最初期の成功を持続させるために、仲間を増やし、拡大再生産のサイクルを作ります。このときに、いつまで

経っても創始者が着火剤を注ぎ続けていては持ちません。スタッフや売上、機会が循環する流れを生み出す必要があります。それを実現するための枠組みも必要になります。

ベンチャー企業の成長期において、人事コンサルタント会社に依頼して、評価制度や給与制度を作っていく、といったことがあります。このときに実施する定跡的な施策として、業務を分析したうえで、それにフィットするスキルや知識、同程度の人材に対するマーケットフィット&ギャップによる昇給テーブル作成、組織図を更新して人の再割り振り……と、こうしたことをやるものです。もちろん外形的に整えなければならないものだったりするので、一概にダメだとは言えませんが、しばしば、生産活動を要素に分解するだけして、その「統合」が不十分で終わってしまう、ということになったりします。

大切なのは、ここのメンバーの燃焼を高い状態に維持することであり、フレームを作るのはそのための手段です。しかし、これが難しい。薪ストーブは優れた機構を備えていて、一次燃焼で発生した一酸化炭素などの副産物が、炉内でちゃんと燃焼しきるように、二次燃焼炉を備えていたりします。人間の組織づくりにおいても、そんな発想を参考にしてみるのもいいかもしれません。

逆に言えば、その成長中のベンチャー企業は、現に成長期を迎えているわけで、理想の燃焼状態に至るための、初期の着火がうまくいくような要因があったに違いない、ということも言えます。意図的か偶然かはさておきですが、きっとチーム全体が燃焼状態に至ることができるようなきっかけやターニングポイントがあったはずです。また、その燃焼状態を維持するためのフレームが整っているはずで、その経緯を偶然の産物とせずに、どこがどのように良かったのかを構造的に解析すると、後々のプロジェクトに向けて生きた知識となることでしょう。

5-8

薪ストーブから「勝利条件を発展させる方法」のヒントを得る

さて、薪ストーブの比喩について、イメージをつかんでいただけましたでしょうか。ここで、「勝利条件」の言葉に戻りたいと思います。現場の最前線では、作戦本部で考えた計画にはなかった現実的課題が数多く発生します。それに対処するのは一人ひとりのプロジェクトメンバーです。対処した結果、他者から評価、感謝されたり、自身の成長実感が得られたり、様々な報酬が実感されることで、物事が前進していきます。この前進している感じを演出する最大の根拠とはなんでしょうか？ 勝利条件こそが、それに合致します。いま自分がやっていることが、勝利条件と照らし合わせたときに、適合しているのか、逆走してしまってはいないか。素早い判断でこれが回転しているチームは、良いチームです。

一方で、プロジェクトを開始した当初は、勝利条件の表現自体がまだ荒削りであって、本当に適切だとは言い切れないものですから、どうしても序盤においては混乱が避けられません。

誰しも混乱は望みたくはないですし、正解ではなかったとしても、ある程度筋の良い勝利条件を最初から立てたいと願うものでしょう。ではどうすれば良いか？　これも、薪ストーブからヒントを得ることができます。着火の初期段階においては、「薪」と「酸素」という、これから結びつくべき二つの存在を、いかに出会わせるか、空気の流れを生み出すことに意識を集中します。そして、最初は新聞紙のような、着火しやすいものから始めて、木っ端、細い薪、中くらいの薪、太い薪、というふうに、だんだん大きな燃料に火を移していきます。ここで必要なのが、炎が立ち上る先に、次の燃料を配置しておくという発想です。半歩先にリソースを配置しておくことで、自発的な燃焼が継続します。

この燃焼という現象の根本的な原理を意識できずにいては、どんなにたくさんの着火剤があっても無駄にしてしまいます。プロジェクトも同じで、いくら潤沢にリソースがあったところで、配置、すなわち勝利条件の設定がうまくなければ、個人個人の散発的な行動が次の流れに結びつかず、不完全燃焼に終わってしまいます。

そうならないために、まずは、小さな火を熾こし、それを絶やさないように面倒を見るのが序盤の勝利条件の立て方としてはよいでしょう。ある程度火が起きてきて初めて、その熱を料理に使おうとか、部屋の空気をどの程度温めようとか、より高次の勝利条件に思考を向けることが可能になります。一晩の燃焼を終えたあとには、今度は薪の使用量を無駄にしないための燃焼計画に思いが及びますし、一冬を越したころには、煙突が煤で目詰まりを起こさないために、どうやって完全燃焼させたらいいのか、という着眼点がやってきます。プロジェクトにおいても同じで、まず最初は短期的な勝利条件を立てるところから始めて、その成果に応じて徐々に勝利条件を育てていくという発想をするのが、プロジェクトやそれにかかわる人々に良い発展段階をもたらします。

5-9

「全体から部分」「部分から全体」を往還する、これからのプロジェクトマネジメント

以上、まずは「人の心」に焦点を当て、徐々に適用範囲を拡大しながら、薪ストーブという仕組みとプロジェクト推進の対比的な理解の仕方について、解説しました。薪ストーブのたとえは製品や企業など、あてはめる対象を拡大しても応用できます。社会的な課題(薪)と売上(酸素)が会社(ストーブ)に舞い込む、それが社内のスタッフにより融合され、価値提供される。そしてそれが次の課題と売上につながる。といった具合です。

大事なのは、機会と資源が舞い込む枠組みを持つことであり、そこで二つの存在が出会い、燃焼し、ぐるぐる回り続ける構造を作り上げることです。

このように、そのプロジェクトの全体を見通すことは不可能であっても、最小単位であ

るところのサイクルが十分に燃焼していれば、必ず前に進みます。新たな機会や資源と出会う確率も高くなります。

囲碁や将棋といったボードゲームは、「完全情報零和ゲーム」と分類されています。互いが持っているカードについての情報が明かされているので、完全情報。どちらかがポイントを獲得すると、相手がその分、損をするので、零和ゲーム、つまりゼロサムゲーム、という意味です。

完全情報零和ゲームにおいては、それぞれのプレーヤーの意思決定や局面の状態が、数学的に厳密に表現できます。また、まずこちらがこの手を選択し、次に相手がこの手を選択し……というゲームの状態の推移も、表現可能です。こうしたゲームは、理論上、あらかじめあらゆる選択を数え上げることができます。そして、互いにベストな選択をし続けると、必ず先手必勝か、後手必勝か、引き分けかが決まっていることが、数学的に証明されていると言われていますが、実際のところは選択の幅があまりにも広いため、現状の技術では、スーパーコンピュータをもってしても、その唯一の解を導き出すことはできません。

私たちが実際に直面している問題は、これらのゲームよりも複雑です。そもそも駒も選択肢も、圧倒的に現実のほうが幅が広いのです。事前に勝利条件を設定することが、原理的に不可能なのである、とは、そういうことです。

神の視点ですべてを見渡すことができて、あらゆる既知の情報を把握したうえでプロジェクトを設計する。そんなことができたら、もっと安心して仕事を進められるのに、と、思うのですけれども、現実問題として、そんなことは言っていられません。

だったら、どうするか。「火を絶やさないでい続けること」の大切さに目を向けるべきでしょう。資金や人員と解決すべき課題が出会い、反応が発生する。そこで生まれる反応熱、すなわち評価や報酬、モチベーションが次のリソースを運び込む。そんな幸福な循環が実現するための、「形」と「流れ」を作る。それこそが、プロジェクト全体を動かしていく立場の人が意識すべきポイントなのではないでしょうか。

複雑で環境の変化が激しい昨今のプロジェクトにおいては、トップダウン式のマネジメントに限界があるのは確かです。ナポレオンやスティーブ・ジョブズといったような天才的なリーダーであれば、トップダウンのほうが効率がいいのかもしれませんが、そんなスーパーヒーローのような導き手があらわれるかどうかは、運を天に任せるしかありません。

組織運営において、全体に責任を持つ人が進む方向性を定め、ある目論見を持って旗を振る、これ自体はどんな組織形態であろうが、組織である以上は避けられない要件ですが、それが副次的に生み出すトップダウン式マネジメントのデメリットを、いかに回避するかが問題です。つまり、局所的な問題を、現場で自律的に解決していく状態です。中心で企て、仕掛ける人と、前線で実際に対処する人の両者が噛み合い、互いに良好なフィードバックを与え合い続けるためには、ボトムかトップかという二者択一の発想から脱却する必要があります。

作業や仕事だけでなく、そこに関連する人の時間や感情、評価や報酬といった様々な要素を勘案し、循環させていく、「環境デザイン」とでもいうべき、第三の視点を持つことが有効だ、と筆者は考えます。

「雑談とはたき火のようなものである」とは、心理学者の多湖輝氏の言葉です。たき火の周りに何人かが集まって体を温めている状況においては、人が寄り集まって情報を交換すること、それ自体が熱を生み出すものです。「モチベーションをあげろ」と叫んでも、モチベーションはあがりません。たき火のぬくもりとは、気付いたらそこにあるもの、です。

チームの心に火がついたら、燃焼を継続するためには、ただ薪をくべるだけでいい。

今日もまた世界中で、新たなプロジェクトが立ち上がっていることでしょう。あるものは燃焼し、またあるものは炎上することでしょう。不完全燃焼してしまうものも、あることでしょう。筆者は、それらの過程や結果が、出たとこ勝負の運任せにならない社会の到来を望むものです。

頭のなかには、仮説としての地図であるプ譜をインストールし、心には確かな手応えを感じさせてくれる薪ストーブを装着する。この二つを結びつけるのが勝利条件です。これらの装備があれば、きっと困難を乗り越える助けになることでしょう。

第6章
押井守監督インタビュー‥勝つために、自らが戦うべき「状況」を発見せよ

そりゃ見たさ、何度も何度も私が編集したんだから。でも納期も迫ってたし、使える絵を探しただけで、何か映ってないかと思って見てた訳じゃないからね。映ってると知ってりゃ見えただろうけどさ…もしかしたら、何か映ってたのかもしれないな

（機動警察パトレイバー2　the　Movie）

様々なプロジェクトの現場にある、「計画は計画通り進めなければならない」という固定概念と、いかに付き合っていけば良いのか。これが、本書のテーマです。もちろん約束や契約を破ってはいけない、というのは当たり前の話であり、計画は計画通りに進めるからこそ、効率的に物事が進捗します。一方で、「そうとは思わなかったけど実は蓋を開けたら不可能、あるいは極めて困難だった計画」が無用の制約条件となってしまい、結果それが、不必要な説明、不和、調整、矛盾を生み出していることがしばしばあるのも事実です。

そもそも新たな取り組みに着手する段階ではどうしても無知や知識不足があり、それゆえに、気づかないうちに、互いの善意のもとで守れない約束を交わしてしまうことがある。そんなときには、初期条件にとらわれずに、関係者が合意のもとで発展的にプロジェクトを進める方法が必要です。管理のための管理ではなく、本当に得たい結果を得るためのマネジメントの形とはなにか。それをテーマに、これまでの話を展開してきました。

本章では、映画作りというプロジェクトを長年成功させてきた世界的映画監督の押井守氏にインタビューした内容を紹介します。監督はこれまで数多くの映画作品を形にしてきたなかでの経験知を書籍や講演などを通じて発信されてきました。そのなかで袋小路を打開するための発想の仕方、考え方として非常に参考にしたいと思う言葉をたくさん発してこられました。

映画作りもビジネスや他のプロジェクトと同じく、スポンサーがいて、顧客がいて、作りたい企画があり、それを実現するスタッフや専門家、あるいは予算管理者と現場監督者がいて……と、様々な利害を持つ関係者同士の共同作業です。集団作業における同床異夢について考えるとき、監督が口にされる「解決はできなくとも、対処はできる」という言葉は非常に示唆的です。数多くの利害関係者と協調し仕事を前に進めていく方法について話を伺いました。是非参考にしてください。

6-1

そもそもどんな状況で、誰と戦っているのか？大局観を持つことから始めよ

後藤　そもそも私が押井監督のマネジメント論に惹かれたきっかけは、軍学の用語をもちいた比喩の言葉でした。色々と行き詰まっていたころ、クラウゼヴィッツの『戦争論』を読んでみたりして、何かヒントを見出そうとしていたのですが、自分の問題意識のはるか先を走っている大先輩がいるのだと思いました。

押井　クラウゼヴィッツは原典を読んだの？

後藤　岩波の翻訳を一応読破したんですけど……

押井　さっぱりわからなかったでしょ？（笑）

後藤　はい（笑）

押井　あれも一種の古典なんだけど、古典っていうのは直にあたっても無駄なんです。古典に至る道が大事なんだよ。クラウゼヴィッツ自身が、『戦争論』を書く以前に何を読んだか、どういう人だったのかを理解しないと、本当に理解したことにはならない。だからまず、第一次対仏同盟戦争あたりから入らないと、彼が書いた動機がさっぱりわからない。そこを知るためには解説本を探すのが近道で、何冊か解説本読めば「これは」と思うのがあるから、その人の傾向をたどって近づくのがいい。私は兵藤（二十八）さんから接近した。『戦争論』を読むためには三つの観点が必要なんです。まず、あそこに書かれているのは別に議論でも何でもなくて、一種の体験的な戦訓というか、体験知からロジックに近づこうとしているということ。次に、クラウゼヴィッツの教養の体系自体が、当時のドイツの還元主義から出発している。最後に、時の皇帝に随分気を遣って書いている。当たり前だけど、皇帝陛下の軍人なんだから、なんでもかんでも書けるわけじゃない。

この三つを押さえて初めて、やっとドアが見つかる、どこから読めばいいかがわかるっていうとこじゃないかな。元々文章の上手い人じゃないし、そもそもあのテキスト自体が草稿だったりするから、体系があるようで実はなかったりする。普通の哲学の本読んだりするのとまったく話が違うし、むしろ論文ですらない。そのくせ、ボリュームだけがたっぷりある（笑）。古典って、大体そういうものなんだけど。

後藤　わからないなりに、冒頭に出てくる言葉で「そもそも思い通りにいかない」ということが繰り返し書かれていて。その言葉に目を開かされた感覚があったんです。こんな偉い人でも、難しいって言ってるんだったら、っていう。

押井　思い通りにいかない原因が、彼の場合ははっきりしてるんで。ナポレオンがいないからだっていう。ナポレオンのような軍事的な天才がいれば、あんな本書く必要もなければ、当時のドイツの参謀本部すら必要なかった。秀才を集めて天才に対抗していこうぜっていうときに、初めてロジックの必要性が出てくるんですよ。天才にロジックはいらないから。

いろんな国に、『戦争論』以外にも、いろんな本があるわけだよね。軍学的な教養とビジネスっていうのは、オヤジはみんな好きなわけだけどさ。孫子とか、宮本武蔵の『五輪書』

とか、あと武田信玄とか。要するにオヤジが大好きな戦略本だよね。それをビジネスに結びつけようっていう発想は、別に新しくともなんともなくて。元ビジネスマンでさ、ベトナム戦争のときの国防長官だったロバート・マクナマラの回顧録なんかも同じなんだけど、ビジネスを戦争に応用しようとした。まあ見事に失敗したんだけどさ。なぜ失敗したかって言うと、ビジネスの世界のマネジメントと軍人の世界のマネジメントって、似ているけども似ていないところもあるんです。似ているのは、競争原理だってこと。相手がいて初めて自分のプロジェクトが成立するっていうさ。それはクラウゼヴィッツもそうで、ナポレオンといかに戦うか、っていうところから始めたわけだからさ。

ここで考えるべきなのは、国体も違えば政体も違うってこと。片方は共和国で、片方は王政。同じような軍隊になるわけない、兵隊の集め方からして違うしさ。ナポレオンの場合は、共和国って一種の民主主義で国民国家なわけで、兵隊なんか無尽蔵にいるわけだ。徴兵すりゃいいんだから。一方で当時のプロイセン王国はプロの軍人しかいないから、そういうわけにいかない。ナポレオンって実は戦術以前に、政治形態の強さがあったわけだ。東部戦線も同じで、ナチがなぜロシア軍（赤軍）にあんなに手を焼いたかって言うと、兵隊が無尽蔵だからだよ。ドイツはプロフェッショナルな軍隊で5倍殺してるのに負けたのは、相手の人的資源が無制限だったから。プロがアマチュアになぜ負けるか、っていうと、ベトナム戦争もそうだよね。圧倒的な米軍がなぜベトナムで勝てなかったかといえば、戦場では常に勝ってた。でも結局追い出された。戦場で勝っても、政治的に敗北したわけだよね。つまり身内に負けたわけ。8万人の若者が死んだっていうことが、当時のアメリカですら耐えられなかったんだよね、大義名分がなかったから。大義名分のない戦争は負けるんだ、って。

その辺の政治的な背景とか、国体とか、戦場以外の部分に関しては、ビジネスに共通する部分もある。相手がいて、土俵があって、ルールがあって。その中でどうやって勝つかっていう話で言えばね。だから軍学みたいなものって、意外とビジネスに役立てようとしても、戦術的な要素って意外と小さいんですよ。むしろ大局観を学ぶほうが、全然大事。

特に今、ビジネスの枠組みが変わる時代なわけじゃない。それは映画の世界に関して言ったって、配信が始まったり、映画の作り方から回収の仕方まで全部変わっていってる。回収の仕組みが変わるってことは、今までと同じことやってても仕事にならなかったりするわけ。

一番大事なのは、誰が、どこで、何を考えているかってこと。全部知り得るわけじゃないけど。例えばＤＶＤがさっぱり売れなくなった理由って何なんだ、とかね。インターネットでタダで見てるからだ、っていう話があるけど、本当にそうか？　とかね。配信って本当にうまくいってんの？　とかさ。それと、現場の意識がどうつながるのか、とか。DVDが売れないのは、ネットで見てるから、っていうだけの理由なわけがないんだよ。競合する世界が増えた、他にお金が回ってるだけなんだよ。今まで買っていた人が、ネットで見るようになったっていうのは、たぶん部分に過ぎないわけでさ。今まで買ってたお金を他に回してるんだよ。だから競合するエンタメが増えたんだよね。同じように漫画だって売れてないわけだしさ。人口が減ってるわけじゃなくて、分散してるんだ……って考えたりするわけ。

じゃあどこに出るの、って言ったら、ゲームだったり、ライブだったり、選び放題になるわけじゃない。スポーツだってそうだけどさ。それがなぜ選び放題になったかって言ったらさ、そこで初めてネットが出てくるんですよ。

自分が何か事を始めるときに、何をどうやったらいいのかっていう、状況に対する認識を徹底させなければ、現場の士気の高揚もなければ、どういう順番で物を作るか、っていうことも出てこない。順番から考える。正しい順番で考えないと、正しい結論は絶対に出ない。無駄が多くなるから。人的資源も、時間的資源も、もちろん金銭的な資源も、有限の中で仕事してるのだから、余計なことやってる奴は負けるに決まってる。最大効率で回した人間が、結果的に良いものを作る。
売れるか売れないかはその先にあるんだけど。ある意味で言えば、売れなくてもいいっていうケースもあったりする。私なんか売れたことほとんどないのに、なぜいまだに仕事できるかって言ったらさ——いつも言ってるけど大ヒットなんて一回もないからさ。百万人動員した映画は1本もない。比較的DVDは売ったほうだけど、バカ売れしたわけじゃないしさ。じゃあなぜ仕事ができるんだ、っていう自己分析もあったりするわけ。そこからするとさ、撮り方も変わるんですよ。スポンサーのオーダーに忠実にやると失敗がわかってるときどうすんの？ っていうそういうケースが多いわけだ。

後藤　今日、まさにその質問を準備してきたんです。

押井　いつかサッカーの本(『番狂わせ 警視庁警備部特殊車輌二課』)にも書いたんだけど、監督って色々な戦い方をするんですよ。まず、誰を目標にして戦うのかっていうことを決めないと、試合に勝ってもクビになることもある。リーグで優勝してクビになった監督いくらでもいるんだからさ。デル・ボスケ監督が、レアルで優勝した日の夜にクビになった、とかね。モウリーニョが破竹の勢いで勝ってたけど、なぜ今仕事できないのか、とかさ。

監督って、自分が誰と戦ってるのかっていうことを考えないといけない。オーナーと戦うのか。相手のチームと戦うのか。自分のチームの中で戦うのか。選手と戦うのか。審判と戦うのか。サポーターと戦うのか。誰に対して戦っているのか、っていうのが明瞭な監督は、少なくとも失職はしない。

今さらサッカーに興味持ったっていうのはそこなんだよね。この監督何考えてるんだろう、っていうさ。特にサッカーのクラブチームの監督ってさ、権限が大きいから。映画監督に似てるんだよね。渡り歩くし。チームによってみんな事情が違うから。映画監督も、組むスポンサーとか配給会社とか代理店とか、みんな違うから。やっぱりそれを読まないと仕事にならない。仕事にならないっていうか、仕事はできるけど勝てない。勝てないってことは、次の仕事にありつけない。勝つって、次の仕事にたどり着くための勝利条件なんだっていう話、いつもするんだけど、それって必ずしも、興行的な数字じゃなかったりすることもある。

後藤　勝利条件をいかにして発見するのか。それを伺いたくて、このインタビューを企画したんです。

押井　それは私の最大の営業上の秘密（一同笑）。

6-2

相手の利害をわかった上で、ただ言いなりにならず、自分のやりたいことを通す

押井　プロデューサーが監督を選ぶ条件も、みんなそれぞれ違うんだけどさ。状況によっても、会社によっても違うし。今、日本でフリーのプロデューサーなんてほぼゼロだから。みんな会社員だもん。会社員がプロデュースするとき、何を基準に監督、企画を選ぶかって、映画の成功なんて二の次だよ。社内の自分の立場がどうなるかを真っ先に考えるのが当たり前じゃん。映画が成功しても飛ばされる場合もあれば、映画が失敗しても飛ばされない場合もある。

だから今は、監督にとってプロデューサーっていうのは相棒ですらなくなってる。相棒

と呼ぶに値するプロデューサーはほとんどいない。なぜかって言ったら、5年間同じところにいるプロデューサーなんかほとんどいないからだよ。逆に言えば、プロデューサーに向けて仕事しても無駄だっていうこと。5年同じところにいる保証がないから。そのプロデューサーに気に入られる意味がない。場合によっては敵に回してでも、自分がやりたい仕事をやらないと、自分の仕事を守れない。

逆に言うと、社内のプロデューサーとどうやって組むか。社員なんだから、社員である立場を追い込んでやればいい。彼にとって失敗って何か。その状況を作り出してやる。当然ビビる。相手をビビらせてこちらにヘゲモニーを持ってくる、とかさ。これは戦い方のひとつの例に過ぎないけど。

相手がどういう立場なのか、誰と戦うのかっていうことが重要であると同時にさ、戦う相手によって戦い方が変わるんだよ。相手のどこを攻めるべきか、相手が一番困る状況は何なのかっていうさ。あるいは逆に、相手が一番喜ぶ状況は何なのか。

それがわかったうえで、その通りやっても何の意味もない。それがわかったうえで、自分のやりたいことをどう通すか。そこの次元がなかったら、監督やってる意味がそもそもないから。価値にならないんですよ。そうすると、勝利条件とか優先順位が全部変わってくる。

後藤　戦い始めてから、この人は戦う相手じゃないなって薄々気づくみたいなことってありますか？

押井　やりながら相手見るしかないんだよね。特に映画の場合は、狭い世界だけど組む相手はころころ変わるから。特にプロデューサーが同じ相手だったことなんてほぼない。特に今の映画界は、作品を作るプロデューサーは同じ相手であることのほうが稀だから。ラインプロデューサーは別だよ。お金周りのプロデューサーは毎回変わる。

後藤　勝利条件とは、任意に設定できるものではなくて、発見するものだっていう言い方もされてると思うんですが、やっぱり監督でも最初からこれが勝利条件だっていうことは少なくて、状況が見えてから、探しながらやっておられるのでしょうか？

押井　わかんないよ、やっぱり。会議なんてそのためにやってる。会議で決めなきゃいけないことなんて、実は何もないんだから。本当に。ただ雁首揃えてるだけなんだから（一同笑）。

それぞれの会社の利害を調整するために来てるわけで。製作委員会に10社とか20社とかいたら利害の調整なんかできるわけない。主幹が最終的に全部決定するんだよ。主幹って何だって言ったら、一番お金出している人。主幹のいない製作委員会なんてないから。

後藤 そこしか見ないっていうことですか？

押井 最終的には、その主幹が意思を通すよね。なんて言ったたって、一番お金出してるんだからさ。ほかの会社も、話は聞いてあげないといけないけどね、そうしないと、来てるプロデューサーの立場がないから。生産的な話が出ることなんてめったにない。あとは現場の進行をちょっと確認するっていう。監督はいわばそのために、代表として来てるんだけど。特に映像だったりすると、誰にもわかんないから。途中経過は長いし。1年2年かかったりするから。だからどうしても脚本を欲しがるけど。脚本だってさ、言葉で表現できるようなもんならそもそも映像にする必要ないんだよ。当たり前だけど。

後藤 でもそれがないとコンテも作れないわけですよね？

押井 俺に言わせると、別に要らない（笑）。コンテのほうがはるかに緻密だし、構造的に力があるし。絵とセリフと物語、同時に考えながら書いてるんだもん。脚本は、自分でゼロから考えるよりマシだ、っていうさ。いわば批判的に読んでるから。これはやっちゃいかんっていう、逆にいえば批判の根拠にしている。

後藤　ビジネスの現場でも、映画でいう「脚本」に相当するような、計画書や企画書ばっかり大事にしてるというか。本当に作るべき成果物じゃなくて、なぜ計画と今がずれてるんだ、みたいなことに終始してしまって、炎上してしまうようなことが多いと思います。

押井　そうだよね。万博とか、映画以外の仕事もたくさんやったけど、途中の成果物ばっかり見たがるんだよね。体裁が整ってるかどうかのほうが気になるっていう。結論としてどういうものができるかっていうところにあんまり興味を持たない。

6-3

監督×スポンサー。企画を通すための交渉術とは

後藤　映画を作るうえで、配給の仕組みやスポンサーの意向から逃れることができないのと同様に、ビジネスにおいても、そもそも資金等の資源を調達しないと、何も始まりません。しかし、スポンサーやプロデューサーが要求することに矛盾があったり、ハードルが高かったり、企画を通すということにいつも苦労します。監督は数多くの企画を実際に通してこられたのですが、ステークホルダーへの説得の技術についてお話しいただけないでしょうか。

押井　基本的に認識するべきなのはさ、要求する側はあれもこれも言う。もっと言えば、こういうやり方で成功してほしい、っていうさ。これサッカーもそうなんだよね。なぜレアルはさ、リーガで優勝した代わりに監督のクビを切ったかっていうと、試合内容が気に

入らなかった。地味だった。サポーターが納得してなかった。もっと派手にさ、ゴール決めまくるような戦い方をなぜしないのかっていうね。それやったら負けてたんだっていうね。監督は勝つことを目指したんだよね。祝賀パーティやってる最中にクビになった。非常に考えさせる出来事だよね。

後藤　それはやっぱり戦う相手を間違えたから？

押井　間違えたんだよね。あるいはそれを承知でやったか。

後藤　もしかしたら、そこでクビになってでも……

押井　クビになっても、リーガで優勝したっていう実績はついて回るから。マイナスにならないかもしれない。次のチームは必ず現れる。あるいは代表チームの監督に、っていう話が必ず現れる。いつも言ってるけどさ、二つも三つもテーマを掲げると、絶対失敗するよ、いつかって。優先順位をどういうふうに考えるかだけで変わるんだよ。三つとも満たそうとすれば大体人生失敗するよ、どれかあきらめなさい、って。あきらめることによってハードル下げて、とりあえず勝つことができる。勝つためにハードル下げるってのも立派な戦術なんだよ。

そんなことは誰でもやってるよ。戦争やる人間はみんなそれやってる。どこを抑えれば勝てるか、って。それ考えない将軍はただのクズ。兵隊の命を消耗してるだけだってこと。勝ったやつもいるけど、スターリンとか（笑）。立ち上がれなかった。チャーチルだってそうだよ。戦争が終わった後、若者が半分になっちゃった。第二次大戦のときは、アメリカに大借金してイギリスは往年の威光を永遠に失ってしまった。よくナポレオンが好きっていう人がいるけど、ナポレオンって最終的に殺された将軍。負けたんだぜ、ワーテルローで。私は敗軍の将になるつもりは毛頭ない。なぜかって映画撮りたいから。儲けたいとか、稼ぎたいとか、有名になりたいとかはどうだっていいんだけど、仕事したいから。映画作るより楽しいことってないから。だから一生懸命やるよ。

後藤　短期的にどちらの相手を見るかも大事だし、長期的にどちらが大事かを見るのも、両方とも大事だということですね。

押井　もちろんそうだよね。短期目標と長期目標ってもちろんあるだろうけど。ビジネスの場合はさ、おおむねみんな社員だったりするから。そういう目標設定を立てにくいよね。まず短期で勝てなければ長期もないから。これが悲しいところなんだよね。私らみたいなフリーの場合は、長期的な目標のために短期的な目標を捨てても全然オッケー、っていうことがありうる。実際そうだから。自分の評判落とすくらいだったら試合に負けてもいい。一番典型的に言えば、降りちゃえばいい。でも降りることは監督にとって名誉にならない。うちの師匠はそういう言い方しなかったけど。「降りるな、クビになるように仕向けろ」って人だったから。実は俺もその通りに何度もぶつかったよ。

降りちゃうのはかっこいいかもしれないけどさ、現場の評判もそれなりかもしれないけど、降りちゃったやつってのは拾う人がいないんだよ。逃亡犯だから。クビになった人間っていうのは、要するにポリシーを守ってクビになったんだから、現場と業界の両方に顔が立つ。うちの師匠が繰り返し言ってたのはそういうことなんだよね。「クビになるように仕向けろ、そんなの簡単だ」って言ってさ。確かに簡単なんだよ。テーブルひっくり返せばいいんだから。テーブルひっくり返して椅子蹴っ飛ばして帰ればいいんだから。「簡単だろう、何度もやったんだ俺は」って言ってたよ（笑）。

後藤　監督ご自身が守っておられることとはなんですか？

押井　今の日本映画って、真っ先に考えるのはキャスティングなんだよね。配給会社が要求する。「このキャストじゃないと公開できない」とか平気で言うから。だからキャスティングありきで、そこから脚本に入る。監督が決まるのは最後。そんなんでまともな映画ができるわけないじゃん。冷静になれば誰にでもわかるんだけどさ。

まともであるかどうかなんてどうでもいいんだろうね、商品だと思ってるから。確かに商品だよ。お金もらって作ってるんだからさ。でも商品であると同時に作品だっていう部分を抜きにしちゃうと、かなりみすぼらしいものになっちゃう。誰が見たってわかるんだもん。素人が見たって、「この映画一応見られるけど、2回見ようとは思わないよな」って。「中身スカスカだよな」とか。そういう感想持つわけじゃん。

でもちゃんと作られた映画には、いわば風格がある。格っていうのは確かにあるんですよ。サー（リドリー・スコット）の作った映画は、マイケル・ベイが作った映画と明らかに映画の品格が違う。出てくる登場人物の奥行き感が違う。

後藤　それは「商品である」というベクトルに対して、「作品である」というベクトルをぶつけて、摩擦を起こしてるから、それが風格になるということですか？

押井　家具だって電化製品だって実は同じなんだよ。プロダクトであると同時にクリエイティブである。デザインっていうものがない商品はないんだから。デザインはどうでもいいのか、ちゃんと便利に使えて故障しなければいいのか、って。それは消費者が求めてないもん。やっぱりどこかでアクセントになる、良いなと思えるものをデザインに求めてるわけ。デザインがすべてだとは思わないけど、プロダクトであると同時にクリエイティブでもあるっていうのは、今の世の中の商品の常識。それをどうすり合わせるかでしょ。同じ性能だったらかっこいいものを買う。それは映画も同じなんだよ。同じように面白ければ、格がいいもののほうがいいもの見たような気がするに決まってるじゃん。しかも同じ入場料なんだもん。

サーの映画よりもマイケル・ベイの映画のほうがなぜ当たるのか。にもかかわらず、サーはなぜあれだけ撮り続けられるのか。今でも撮ってるよ、しかも結構な大作を。あの2人の違いって何？　っていうと、確実に言えることは、サーの映画は映画史に残る。要するに何度でも見られる。なおかつ商品としても売れる。マイケル・ベイの映画って、映画館で一回見たら終わりだよ。でも面倒くさくないし、すごい絵もあって退屈しないようにできてるから、その市場も確かにある。

マイケル・ベイはそんな映画を作るいわば名人といってもいい。作るべきテーマがなくても、語るべき人間が出てこなくても、楽しませたいっていうサービス精神はある。
私の場合ラッキーだったのは、当たったのが海外だったから。これほど楽なものはないよ。国内はパッとしなかったけど、海外で売れました、大成功しましたって。監督に限らず、そういう人、いるでしょ。なんとなく仕事がしやすい状況は確かにできる。数字は求められないから。そういう監督です、っていうポジション。海外での評価は高いけど日本では今ひとつって、私に言わせると、理想的なポジション。何の義務も負わないから。

後藤 数字はコミットしない、っていうのは大きな生き残り術なんですね。

押井 私には、誰も大ヒットなんて要求してない。「お願いだから回収だけはしてね!」っていうさ(笑)。誰もそういうことを要求しないから、ある意味で言えば、初期状況ですでにアドバンテージがある。プレッシャーはない。
いま大ヒットを飛ばしている監督が直面している難題は、大ヒット以外要求されていないということ。宮さん(宮崎駿)はその典型だったよね。宮さんがすごいのは、ああいう作品作ったからすごいんじゃなくて、あのプレッシャーの中で当て続けたからすごいんだよ。コンスタントに当て続けた。それでも2本目は失敗だったって言われてるんだからね。それから学んだんだよ。『風の谷のナウシカ』（１９８４）が大ヒットしてさ、2本目の『天空の城ラピュタ』（１９８６）は同じ観客数か、ちょっと多いくらいだよ。でも、小屋（映画館）の数が倍になったんだよね。だから興行的には失敗だといわれてる。あれは、結構効いたよ。私にとっては決定的な事実だったよね。倍の小屋になってたら、倍儲かってないと失敗。なるほどと思ったもん、そういうことなのか、って。配給会社はそう判断するんだ、って。観客が増えたり、小屋の数が増えるのは、監督にとって必ずしもいい状況じゃ「ない」んだ、って。

後藤　そこで状況が見えた。

押井　きっかけになった。それは大きなきっかけだったよ。

後藤　自分の状況を理解する、っていうのが一番大事？

押井　自分の立ち位置、だよね。

6-4

監督×スタッフ。手足だけでなく、脳みそも借りる方法

後藤　企画が成立したら、今度は実際のものづくりが始まります。しかしそこでも、メンバー個別にやりたいことがあり、ひとつの方向にリードしていくのは大変です。

押井　映画のスタッフって、アニメも実写も同じだけど、ほぼ全員フリーだから。はっきり言って、気分でしか仕事してない。だから彼らの意思を尊重する以外にない。意思を尊重するっていうのは、言うこと全部聞いて、通してあげる、ってことじゃないよ。彼らが話す言葉を、いったん全部聞いてあげるってこと。聞く耳を持たないっていう態度を最初から示しちゃうと、誰も監督の味方なんてしない。当たり前だよね。末端の、色を塗って

るスタッフに至るまで、何か言いたいことあれば全部聞いてあげる。聞いてくれる監督だって思ってもらわないとだめ。相手にしてくれてんだ、っていう。立場が下に行くほど丁寧に接する。私はお茶を持ってくるお姉さんにも「ありがとう」って言う。

本当言うと、監督は全員の名前を覚えなきゃいけないんだけど。ナポレオンもそう言ったからね。名前と顔を全部覚えろって。中隊長は自分の部下を全部覚えられるはずだって。大隊長になったら無理だろうけどさ。人間が覚えられるのは、２００から３００人だっていう説があるけど、要するに中隊規模だったらできるはずだ。それが士官の絶対条件だって。

私はでも現場でさ、顔と名前が常に一致しない男だったから。５、６回付き合いのある原画マンでもさ、「あなた誰だっけ?」ってことがしょっちゅうあった（笑）。「前お会いしましたよね！」「あの映画もこの映画も、散々一緒に苦労したじゃないの！」って言われることもあるけど。ひとつの現場で７、８人しか覚えられないから。

後藤　そこで嫌われずに、愛されるっていうことも大事ですよね。

押井　それはその場ですぐに謝っちゃうから。ごめん誰だっけ、って言ってさ。「あん時これやったんですよ！」って言われたら「ああそうだったそうだった。ごめんごめん」って「今度こそ覚えるから」って言ってさ。覚えらんないんだけど（笑）。そういうふうにフランクに付き合うっていうのは、意図的にやってるわけじゃなくて、楽チンだから。私は幸いにして誰とでも付き合えるんで。冗談も好きだし、おしゃべりすること自体も好きだから。人の話聞くのも苦痛じゃない。でもただ聞いてるだけじゃなくて、「それはちょっと違うんじゃない」とか「こうなんじゃないの」って必ず言うから。言うことも好きだから。だから苦労でもなんでもない。おしゃべりする、っていうか、スタッフと話すために現場に行ってるようなもんだよ。半分以上は。それが一番大事なことだから。

実務の現場は、作画監督もいれば撮影監督もいれば音響監督もいる。じゃあ監督は何をするのって言えばさ、状況を見てるだけ。何かあったときの予備だよ。例えば風邪で作画監督が一週間出て来られない。そこで交代できるか、っていうこと。監督って、現象的に言うと、現場では戦略予備だから。うまくいってるときは何もする必要がない。うまくいってるっていうふうに持っていければいいだけ。少なくともそう思わせることができれば。後は喧嘩の仲裁とかね。雑務の塊だよ。できれば、そこの当事者にならないほうがいい。

だから、朝から晩までびっちりいない。でも毎日来る。最低3時間、俺はだいたい3時間ぐらいしかいないけど、毎日監督が来てるっていう事実だけ作る。あなたのことをちゃんと見てるからね、っていう。

小学校の先生と一緒なんだよ。40人もさ——俺らが子どもの頃は50人、60人が当たり前だったけど——全員が何をやってるのか見るなんて不可能だよ。でもそう思わせることはできる。「さっきあそこでこんなことやってただろ」って言うと、大体びっくりする。「見てんだ、俺のこと」って言ってさ。「こんなこと書いてたよな」とか、「こんなこと言ってたよな」って言うとさ。そこは奇襲的に押さえる。相手を緊張させる。「この先生、俺のこと見てんだ」っていう。毎日同じ時間に見ることはできないよ。時々見ると、面白いことやってるから、それ覚えてるだけ。緊張させながら、なおかつ自分の味方だと思わせる。

後藤　見ている、というのは安心感じゃなくて緊張させるためなのですか。

押井　子どもだったら親に見てほしいとかさ、先生に見てほしいとか、そういう気持ちを持ってる。だから小学校のクラスだって言ってるの。高校のクラスになると、話は別になるんだけど。

私に言わせると、アニメの現場なんて典型的な小学校のクラスみたいなもんだよ。学級委員長もいるし、風紀委員長もいるし。だから何かあったときに登場すればいいだけだ。でもその裁定は絶対。絶対である根拠としては、「お前が普段やってること全部知ってるんだぞ」っていうこと。本人がやっていることを、全部ではないにしても、上司とかに「あいつ何やってる?」って聞くことはできるから。それぞれの上司に。あるいは隣の人間に。

意図的に情報収集するとかでなくて。そんなこと続きはしないから。興味を持てばいいだけ、人間に。スタッフには、ある意味キャスト以上に興味を持ってる。もっと極端なこと言うと、現場の親方に「今回の映画どう思う、面白い? 面白くなると思う?」って聞くこともある。

録音の親方のところとか、しょっちゅう行くからね。録音の親方って、一番遠いところにいるんだけどさ、当たり前だけど。タオルかぶってヘッドホンしてさ。普段接することなんて、ほとんどないんだよ。あるとすれば、今飛行機が通った、とかね。そういうところに行って、「あの人のセリフどう? いつも滑舌悪いんだあの人」とか言ってさ。そういうこと聞いてくる監督ってほとんどいないんだよ。だからみんなびっくりするんだよね。「なんで監督、俺にそんなこと聞くんだ」って。私は実写の世界に確固たる足場を持ってるわけじゃないから、逆に普通の監督がやらないようなことができる。あんまり気にしないから。監督の権威とかどうでもいいと思ってるから。権威を証明することよりも、自分に興味を持ってもらうことのほうがはるかに大事だから。

それは私にとっては大事なこと。職場の上下関係だけで関係作っちゃうと、誰もそれ以上出してくれない。同じ予算でどれだけの仕事するかって、特に低予算が多かったりするわけだから。そういうことはすごく大事。だから、あなたに興味を持っている、ということを示すべきなんだよ。そこで初めて、「ここをこういうふうに変えたいんだけどさ、明日はタマが全体の半分しかないいんだ。なんとかなんない？」って聞く。そしたらさ、「わかった」って言うよ。どっかからかき集めてくる。そういうことはいくらでもある。スタッフ同士のやりくりって、貸し借りだから。ない機材も平気で持ってくる。しかも、素晴らしい機材を。

後藤　すべては自分のために時間を使ってもらいたいがために。

押井　監督の脳みそひとつで作る映画なんて貧弱にしかならない。スタッフは手足じゃなくて、手足として使うだけじゃもったいないから、脳まで使わせてもらう。さっきの親方が脳みそ使わせてくれたら、作品は全然違うものになる。助監督だって誰だって、もっと言えば役者の脳みそだって使うんだよ。

ただ最初から脳みそ貸してくれる人はめったにいない。言われたことはやりますっていう人がほとんど。まあ言われたことちゃんとやってくれるだけで貴重なんだけどさ。まして脳みそまで貸してくれる人なんてめったにいない。だから貸してもらう努力をするんだよ。

スタッフを味方にするとかいうけど、内実はそういうことなんだよ。そのためには信頼が必要で、なおかつ今やってる仕事を面白がってもらう。これは、映画だろうがプロジェクトだろうが変わらないよね。


面白いと思わなかったら、誰も脳みそは使わない。怒られないように手足だけ使う。要は、「必要最小限はちゃんとやってます、それ以上何か?」っていう態度になる。「何か?」って言われたら終わり。「だってそれしか給料もらってないもん、これが成功したってあんたの手柄になるだけでしょ」って。これが成功してもあんたの成功になるだけだ、って思わせた時点でもうダメ。

まして映画なんて、監督のやれることは限られてるからさ、朝から晩まで怒鳴りまくったって大したことできるわけじゃないから。100人からの人間が一緒にもの作ってるんだから。こちらが言うまでもなく動いてくれる、っていう状況を作ることが大事。自分も楽だから、そのほうが。楽になった時間でモノを考える。そこで初めてモノを考えられる。

映画監督で言えば、この映画でどのようなポリシーやテーマを実現しようとしてるのか。今の方向でいいのか。そのために演出する余地を自分で作るわけだよね。そういう余裕を持たなかったら、演出なんかやってる余裕ないわけでさ。現場の交通整理で終わる。「あと1時間で3カット撮らなきゃいけないんです！」で、やってみて、破綻してなければOKの繰り返し。それで演出したって言えるのか。

「午前中、これ撮ったけど、全部いらないわやっぱり」って。大きなこと言っちゃえばそれくらい必要でしょ。何が必要で何が必要じゃないか見極める。その上で、いらなくなったものは速やかに捨てる。「明日撮る予定だったけど、撮らなくていいや。その代わりこれ撮るわ」って。要するに、自由自在に映画を作り出すこと。自分の思った通りに動かせる、融通無碍な現場にするっていうこと。それは、そのときの自分の気分だろうが何だろうが、そうすることで自分の映画になるわけだから。

要は自在感ということ。今、自分がやってる仕事に自在感を持てるかどうか。ブレーキも効いてるし、ハンドルの効きもいいし、っていう。セットアップするときは一発で決めるぞ、っていうさ。そのためにはアイドリングする時間が必要だったりするわけじゃん。その余裕を作り出すために、無駄なことをさせない。

後藤　でもそういう関係性が持てるスタッフって、100人いて100人できるわけじゃないですよね。

押井　そんなわけないよね。アニメのスタッフで言えば、だいたい3割は俺の敵になる（笑）。「あんたには二度と騙されない！」って、終わったときにだいたい、2、3割はそう言うんじゃないの。

実写のほうが割と一体感は強い。アニメの仕事って個人でやるからさ、一体感って持ちにくいんだよね。いろいろなことやったって、そういう一体感って実現しづらいよね。現場もバラバラだから。だからアニメの監督はいろんな現場を巡回する必要があるんです。CGのチェックするときはCGの会社に行くわけだからさ。「今ここまで上がってるよ」とか、「こんな感じに仕上がってるんだけど見る？」とかさ。だから仕事をなるべく分断させない。分断されてるって印象を持たせない努力はする。

後藤　スタッフとの戦いと、製作委員会、プロデューサー、スポンサーたちとの戦いと……

押井　全然別次元。だから違う顔を使う。違う人間になると言ってもいい。

後藤　それがどっちと戦っているんだという話なんですね。

押井　いつもいつも同じ敵と戦っているわけじゃなくて、場合に応じて敵は変わるよ。特に今は1社のスポンサーで1本の映画を作るケースってほぼないから。そうするとそれぞれの会社の利害をどう立てるのって話になる。最近は1本の映画に、エグゼクティブって名前の付いたプロデューサーが5人も6人もいたりするんだけど、本来はひとりなんだよね（笑）。製作委員会って何人もごろごろ名前が連なってる、その中にも優先順位ってあるわけだよね。進退賭けてやってる本物は誰だっていうさ。2桁億の規模の映画になったら、誰か進退賭けるから。その人間とは真面目に向き合う。当たり前だよね。

後藤　そういった人が、あまりにも矛盾した要求をしてきたら戦いにくいのではないですか?

押井　それはむしろ簡単。矛盾してるのは当たり前だから。それは不可能であるってことを証明すればいい。あるいは「これを満たすためには、これを犠牲にするしかないんですけど、どうします？　その判断はあなたしてくださいね」っていう。要は相手の選択にすり替えちゃう、というかUターンさせるだけだよ。相手は進退窮まるよ。「監督決めてくださぃ……！」って。こっちは最初から決まってるから。「わかりました！　大変な決断ですがそうしましょう！」って。逆に言えば、何を捨てるか最初に決めちゃう。

後藤　その状況を導くことが大事だ、ということでしょうか。

押井　要するに、あとは納得させるだけだから。そのためには自分の中で優先順位が決まってないと無茶苦茶になっちゃう。これだけは絶対に守る、っていう。それじゃないって言われたら、机をひっくり返すこともある。別にその1本に自分の監督人生賭けるわけじゃないから。決断するためには優先順位が必要だってこと。交渉するためにも必要だってこと。妥協するためにも、あらゆる判断の根拠が優先順位。優先順位がつけられないってことは、仕事の内実がないってことと一緒。

だから引き算なんだよ。映画も引き算だけど、たぶんビジネスも同じ。何を失っていいか、最初に決めたやつが勝つ。戦争もそう。何を失っても自分は後悔しないかってことが決まってなければ、全部失う。

6-5 自分自身の勝利条件は、「身幅」を知ることを通じて発見する

押井　ジョージ・ルーカスの仕事場に行ったことがあるんだけど、あそこには何でもあるよ。例えば、書斎――というか「書斎と称する建物」だけどさ――図書館よりでかい。結構な螺旋階段で、壁全部、書架になってて。「ルーカスここに年何回来るの？」って聞いたら、「うーん、３日か４日」って。持ってるだけなんだよね、読んでない。当たり前だけど。忙しいから。そういう世界だよね。娘のために牧場まで作った。これも年に３回くらいしか来ないけど。持ってる、所有してるだけなんだよ。

後藤　本当に自分のものにはなってない？

押井　本来この仕事場ぐらいの空間で、ひとりの人間って満ちるんだよ。でかくても、面

倒くさいし。税金もかかるし。人を雇えばまたいろいろ面倒だし。ただでさえ物は増えていくから。

私にとっては、これがちょうどいいスペース。自分で管理できる限界。自宅のほうは奥さんが管理してるからさ。犬猫もいて。東京でひとりだったらマンションの一部屋で十分だもん。快適だし。

そういう自分の身幅って最終的に自分の勝利条件になる。自分の身幅を見定める。それができないとモノばっかり増えて、結局何のためにやってるか全然わかんない。いつか映画ライターの渡辺麻紀さんが言ってたけど、サーにインタビューに行ったときに「サーになって、爵位もらっていいことありました?」って聞いたら、しばらく考えて「レストランでいい席を取ってもらえることくらいかな」って。サーらしいでしょ。

私がサーと呼ぶ尊敬に値する人間はこの世に2人しかいない。リドリー・スコットと、マンチェスター・ユナイテッドの監督だったアレックス・ファーガソン。どちらもやりたいことをいまだにやってる、80近いけど。かつて何を成し遂げたかなんてどうだっていい、それよりやり続けていることを評価するね。

戦えるフィールドは、二つか三つで十分なんだよ。そのフィールドの優先順位は個々のケースで変わるから。で、どこから始めてもみんな一緒だから、結論は。あるいはやってることの原理も一緒だから。優先順位、っていうさ。何を捨ててもいいかを決めること。これもみんなよくわかってない。優先順位は、何を優先するかだと文字通り思ってるよね。私のそれは逆なんだよ。何を捨てていいか決めるためにある。そうじゃないと優先順位決めた意味がどこにもないじゃん。何も失わずに勝つなんてことはナポレオンにだって不可能だよ。兵隊の死なない戦争はないいんだから。

何を捨ててもいいかっていう順番を確定しないと、そもそも優先順位なんて考えられない。一番やりたいことから順番を決めるっていう発想がすでにだめだっていうこと。相手がいるってことを何も考えてない。あれもこれも、って言うプロデューサーと同じだよ。あれかこれか、なんだよ常に。結果的に、あれもこれも手に入れることは、たまにある。映画が大成功して、お金も儲かって、ＤＶＤも売れて、自分の名前も売れて、次の仕事も決まって、っていう。まあほとんどないけど（笑）。

6-6

最後に‥必勝法も方程式もない戦い

押井　最近は、ＤＶＤも売れなくなったからね。自分の仕事の仕方も、優先順位を考えるしかないなあ、って。考え方を大幅に変えないと成立しない、戦いにならないと思ってる。それぐらい今、日本では映画を作るのが絶望的な状況に近いからね。

配信は監督的にはいいことひとつもないよ。リアクションもよくわからない。本当の数字は公表されないし。誰がどこでどういうふうに見てるのか、さっぱりわからない。ネットの書き込みなんて、ボロクソに貶したいかベタ褒めしたいかどっちか。私が興味あるのは、いいねにもその逆にもクリックしなかった人間がどう見たのかなんだよ。

「いいねかその逆か」っていう二者択一ってさ、貧弱な選択肢だと思わないか？　そこに自分の自由意志はあるかって話だよね。わかりやすいってだけだよね。自分のものの見方なんて永遠に出てこないよ。

後藤　監督にとって、戦い方を変えるときが来ていると。

押井　映画もプロジェクトなんだけど、必勝法もなければ方程式もない。ものを考えやすくするための構造はあるかもしれない。作戦を考えるための根拠になる構造を明らかにするってことはあるかもしれないけど、それは必勝法じゃないんだよ。ましてや方程式でもない。

あるのは、原則だけ。原則ってのは、優先順位っていうこと。目標設定とか、勝利条件の設定もそう。いくつか原則はあるけど、その原則だってケースバイケースで、原則同士の優先順位だって替わるんだから。現実的に言えば、経験知とか体験知、戦訓以外、なにもないよ。犬の訓練と一緒だよ。訓練士の本に書いてあったけど、論理なんてない、あるのは体験知だけだって。犬によって全部違うんだから。

後藤　それこそ上場とかすると、毎年毎年利益を求められるので、みんなそこに苦労してる。

押井　企業もそうだよね。私に言わせればね、上場してよかったこと何かあるのか、って。

でも経営者にとっては上場することはある種、最終目標だったりするからね。会社自体が価値を持つ。会社が価値を作ってるんじゃなくて、会社自体に価値があって商品として成立するっていうさ。それは経営者にとってはやっぱりひとつのステップになるみたいね。でも、作ったものを守らなきゃいけないってなると、こんなしんどいことない。

リセットする自由っていうのかな。リセットする自由って、もしかして一番本質的な自由なんじゃないかな。新しいことやるってことの内実はそういうことなんじゃないかな。

私が中田（英寿）を好きなのは、引退した後、完全に違う人生を歩んでいるから。プロスポーツの選手って、ものすごく勝利条件が厳しくて、現役引退ってのが必ずテーマとしてある。大体みんなサッカーとつながっていたくて監督になるのか、コーチになるのか、評論家になるのかするけど、未練なくやめた。やりたくてもなかなかできないよね。

映画監督にとって自分をリセットするってなかなか難しい。自分がリセットしても周りがリセットされなきゃ意味ないしね。ネットワークって、一番リセットしないものだからね。でも監督って絶えず、できれば変わりたいって思ってるんだよ、きっとね。人の頭じゃなくて自分の頭を。

6-7

インタビューを終えて

映画監督、という職業から連想される姿には、もちろん人によって様々なイメージがあると思いますが、代表的な例としては、黒澤明監督のような、数々の伝説によって作り上げられた監督像が一般的ではないでしょうか。強い芸術的価値観を持ち、現場スタッフの苦労やビジネスのことは二の次で、あくまでも作品の中身が命。峻厳で絶対的な権威のもとに、厳しい姿勢で映画作りに取り組む人。

押井守監督は、その作品が持つ個性やそこから感じられる信念や信条から、やはり、右に挙げたようなイメージを持たれることが多く、いわゆる「作家性の強い監督」という紋切り型の言葉でしばしば評される監督です。このインタビューを企画し実行した狙いはたったひとつで、この「作家性」という言葉で覆い隠されがちな「プロジェクトの進め方の技術」を明らかにすることでした。

押井監督自身は、著書やインタビュー等を通じて、折に触れて理想のプロジェクトの進め方について言及しておられます。しかし、そこにフォーカスした企画は乏しく、断片的な警句が分散している状況でした。それらを体系立てた問答としてテキストを成立させることができたら、間違いなく、あらゆるプロマネにとって有益な知識となる。筆者にはその確信がありました。ビジネスであろうと、ボランティアであろうと、家庭生活であろうと、はたまた教育現場や行政であろうと、あらゆるプロジェクトには利害関係者がいるところから話が始まるものです。お金を出す人、時間を出す人、知恵を出す人。応援者や対立者、傍観者。最終的な全体責任者もいれば、部分的な責任者もいて……そのなかで、新たに生み出す価値を定義し具現化する「要」の役割を果たすのが、現場監督＝プロマネです。

映画作りというプロジェクトをもとにして語られるこれらの経験知は、即、他のあらゆる分野のプロジェクトに応用可能であることは、あえて筆者が補足するまでもないかと思っています。蛇足になってしまうかもしれませんが、最後にここで語られた「プロジェクトを考える原則」について整理しておきたいと思います。

①そもそもプロジェクトとは

1．「こういうふうに勝ちたい」は不可能である

2. 「あれも、これも」は満たせない
3. どんな状況にも通用する必勝法や方程式は存在しない

②ではどうするべきか

4. 自分はどんな状況で、何と戦っているのかを理解せよ
5. どんな状態になっていたら勝利と言えるか、失って構わないものは何かを明確にせよ
6. 矛盾した要求に押しつぶされるのではなく、それすらも狙いを実現する手段に活かすべし

③そのためには

7. 重要な利害関係者の利害を理解せよ
8. 決断するにせよ、交渉するにせよ、自分自身の優先順位を明確にしなければ無茶苦茶になる
9. 長期的な勝負に勝つために、短期的な試合に負けることを恐れるな（その際、スポンサーとスタッフの両方に顔が立たないと次の試合に立てない）

これらは資金や時間など、活動資源を提供してもらう人々との戦い方についての心得です。企業なら予算、NPOなら寄付、行政なら財源、どんな活動にも原資を欠かすことは不可能であり、その出元が持つ意思や意向との折衝や交渉は避けられません。

一方で、こうしたハイレベルの戦いを戦い抜くために、絶対にスタッフは敵に回してはいけないことについての言及があったことも重要です。スタッフは上下関係、使役関係における下位の存在ではない。成果物をよりよいものにするための知恵の泉であるだけでなく、ときに極めて有効な情報源ともなる。しかしその真価は、賃金と対価の労働だけを要求していては、手にすることはできません。高い貢献を引き出すためにはどうすればよいか。まずなによりも、面白いと感じてもらうのが第一義であり、そのうえで、スキルの向上や評価など、相手の欲するものを提供すること。個人対個人の信頼関係が生まれて初めて、自分がいなくてもうまく回る状況を作ることができる。

こうしたあり方を「しなければならない」義務だと思うと大変ですが、まず自分が相手に「興味を持つ」という簡単なことから始めるとよい、との言葉もありました。また、全部が全部張り付いて状況把握するのは不可能なので、奇襲的に押さえるなどの工夫をしなければ、フォローしきれないという指摘も示唆的です。どうしても、マネジメントする立場に立つと、あれもこれも自分が責任を持とうとするあまり、「自分がいないと回らない」

という状況を招きがちですが、確かにそれだと、交通整理に追われてばかりで、大局的な視野を持った判断やディレクションができなくなってしまいます。

さて、こうして整理しますと、あらためてプロマネとは、実に面倒が多い仕事だと総括せざるを得ません。あちらを立てればこちらが立たず、好き勝手な言い分をなだめてはすかし、交渉し、重い責任をまっとうするために雑多な交通整理に追われる。中間管理職の悲哀、という言葉が脳裏をかすめます。昨今、出世をしたくないという人も多いと言いますが、つまりは、こうした人間関係における面倒や、その先にある責任を引き受けたくない、ということでしょう。そんなことをしても、自分にとって得にならないではないか、と。

しかし、それは皮相な見方です。インタビュー中で語られた**「相手の利害を理解したうえで、言いなりにならないこと」**という言葉の輝きを受け取っていただきたいと思います。

社会的な地位に関係なく、あらゆる人は他者との関係性のなかで生きています。自己のなりたい姿がときに相手との関係性のうえで阻害され、思い通りにならない思いをすることは、誰にでもあることでしょう。そのときに、相手の言いなりになってばかりでは、やはり生きる甲斐がないというもの。すべての欲求を満たすことはできなくても、「最低限これだけは」という意思を通したいというのも、また人情です。そう考えれば、そもそも生きること自体が「実に面倒が多い」過程なのです。そこに思い至ることができたら、このインタビューは「監督の生き残り術」から「プロマネの仕事術」に読み替えるだけでなく、「よりよく生きるためのヒント」としても読むことができます。

また、以上のように読解すると、最終的な自分の勝利条件を決めるのは「自分自身の身幅」だというまとめの言葉は、実にすとんと腑に落ちることでしょう。確かにその通りで、結局のところ、「自分自身がいかに生きたいか」が見えていない状態で、目の前の仕事の勝利条件を定めることなど、（突き詰めて考えたら）不可能なことなのです。普段の暮らしのなかで、そこまで立ち返って考えることは少ないかもしれませんが、確かに一つひとつ、順番通りにたどっていくと、自分の持つ人生観や幸福論にたどり着くしかありません。だとすると、プロジェクト進行というものを考えるうえで究極の疑問は「どうやったら自分の身幅がわかるのか」ということになります。これを監督にあえて問わなかった理由はただひとつ。問うてみたところで、「まずは精一杯、自分なりに生きてみて、自分なりに見つけなさい」という回答しかありえないでしょう。

一方で、今回、問いたいと思いながらも果たせなかったテーマもあります。プロジェクトの対極にある、「日常」すなわちルーティンの処し方です。緊張と弛緩のリズムを安定させてこそ、いざという大一番でパフォーマンスを発揮させることができる。長年鍛えておられるという空手にまつわる身体論、勝負の大作とその間にある小品のバランス、三年間の繁忙周期説など、また違った角度からヒントを得られるトピックはたくさんあります。その機会を捕まえることに成功したら、是非また、お目にかけたいと思っています。

あとがき

情報、通信、製造、流通、金融、医療、建設……ありとあらゆる産業分野で、技術革新は止まりません。新たなビジネスモデル、新たな職種。国際情勢も自然環境の変動の激しさを伝えるニュースも多くあります。数々の成功事例や失敗事例が語られ、昨日まで常識だったものが、あっという間に過去の物になっています。日々、どこからともなく流れ込んでくる用語や新常識に、キャッチアップするのもひと苦労です。毎日がプロジェクトの時代の到来。未来は過去の延長にはなく、成功をつかみとるためには、想像力と行動力の両方を駆使し、ときに大胆に、ときに現実的に、目的達成のためのありとあらゆるアイデアを実行しなければなりません。世の中は一億総プロジェクト社会とでもいうべき状況にあり、本当に苦労が多くて、大変な時代です。

筆者は幼いころから、失敗することへの恐怖が強い人間でした。人に失望されることはもっと嫌いでした。その割に仕事は新しいもの好きで、危険地帯をふらふらとさまよいがち。うまくいくことよりも、いかないことのほうが、圧倒的に多いのです。その辛さと悩みのなか、どうすれば物事が思い通りに進められるのだろうか、と、問い続けてきました。いつ、どんな状況でも役に立つ、再現性のある確かな方法論はないだろうか。そんな問題意識で、発想を180度転換して生み出したのが、プロジェクト工学というコンセプトでした。

「プロジェクトが計画通りに進まないのは、あなたの努力が不足しているせいでも、顧客や上司の無茶ぶりのせいでもない。もちろん、部下や外注先が無能なわけでもない。あえていえば、プロジェクトというものが、そもそも、予定通り進まないようにできているという、その本来の性質に気づいておらず、うまくいって当然であると思い込んでしまっているせいなのである。実は問題は、いかに予定通りに進めるかではない。どうすれば前に進むのか、なのである」

前著の刊行以来、新たな機会やご縁をいただくことが増え、素晴らしい出来事がたくさんありました。何よりも驚き、うれしかったのが、世に問うた価値観に対して、共感や興味の声を聞き取ることができたことです。一方で、実生活のうえでは、数多くの不和にも悩まされ続けていました。家庭、職場、地域活動、どこに顔を出しても喧嘩や争いが絶えませんでした。ストレスが高じて少々体調を崩してしまったりもしました。自然科学、認知科学に進化生物学、仏教哲学、そしてもちろん軍学、アスリートの言葉……多くの先人の言葉からヒントをいただきながら、模索を重ねる日々を過ごしてきました。

「思い通りに進まないという苦しみ」とは、いったいどこからやってくるのか。苦しんでいる主体とはどこにいるのか。どうすれば解消できるのか。いやそもそも、解消できるものなのだろうか。一寸先すら見えない感覚のなか、ひとつだけ手がかりにしようと思った言葉が「執着を手放す」ということでした。もっとお金を得たい、とか、人から評価されたい、とか、そういった、胸の内にある執着を一つひとつ引きはがす。そのようにしながら、少しずつ書き溜めたテキストを積み重ねては修正し、まとめあげたのが本書における私の担当した部分です。

共著者の前田さんは、私にとっては、大きな学びと気づきを与えてくれる人です。問題意識は深く共通している一方で、おそらく根本的な価値観は正反対。本を書く以外の仕事をご一緒する機会がないので、いまだにどういう人なのかよくわからない、未知の人です。ある意味で、本書はそんなよくわからない前田さんへの手紙のようなものだったりもします。

書き進めている中で、草稿を読んでもらったある日「後藤さんの考えていることが切々と伝わってきた」と、ぽろりと漏らしてくれたことがありました。プロジェクトとは、最終的につきつめると、「未知なる他者との交渉の連続」です。プロジェクト工学における最大の理解者であり、同時に正反対の興味や行動原理を持つ前田さんから、そういうふうに言ってもらえたのなら、もしかしたらここに記した内容は、同じ構造のなかで試行錯誤する多くの方々にも共有する意味のあるテキストになりえるのではないか、そんなふうに思ったのでした。

押井監督は、映画を作ることが楽しくて仕方がないから、続ける努力を惜しまないと言います。映画作りは、第一義としてはもちろん対価を得るための仕事ですが、それは仕事以上のなにか、だということです。インタビュー中の「映画とは、商品だが、同時に作品でもある」の言葉に通ずる話です。翻って、自分はどうか。そのように仕事をとらえられるには全然至っていません。そのような仕事を発見し作り出すという生き方に、激しく渇望しています。どうすれば、そんなふうにして生きられるだろうか。修行の道のりはまだまだ長いです。

現代社会において仕事を通じて「こんなことして何になるのだろう」と感じる人は、とても多いのではないでしょうか。たとえ対価を得られたとしても、そういう仕事は虚しいものです。もちろん世の中には、面白くもなんともないけれども、誰かがやらなければいけない作業はたくさんあります。しかし、それを割り振られた人が「やらされている」「意味がない」と感じてしまうことがあったとしたら、そこにはやはり、「マネジメントの失敗」があるのではないでしょうか。

プロジェクト工学は、人間が何かの課題と対峙するとき、「意味」を見出す助けであるということが、最大の要件です。その姿を見つけるためにバージョンアップしたのが、前著に引き続く本書である、というのが現在地。改めてこれを世に問うことができたのは、数えきれない多くの方々のご厚意やご支援、ご縁のおかげです。深く謝するとともに、さらなる精進をしていくことを自分に課したいと思っています。

後藤　洋平

2018年4月に前著を上梓して以来、約二年にわたって、様々なテーマや業界で、プ譜のワークショップを行ってきました。新規事業、DX、SDGs、ダイバーシティ、OKR、カスタマーサクセス、コミュニティマーケティング、採用、人材育成、地域活性、大学でのPBL、あるときは育児をテーマに、夫婦でプ譜を書いたこともありました。ワークショップを経験された方々は一様に、プ譜を書くことによって、「漠然としていたもののイメージがはっきりとした」「やるべきことの整理ができた」といった感想を寄せてくださいました。さらには、「プ譜を社内でプロジェクトを進めるときの共通言語にしたい」と言ってくださる方もいました。

「共通言語にしたい」という言葉はとても示唆的でした。当人にとって少しでも未知の要素があれば、それはプロジェクトたり得ますが、PMBOKやWBSなどの知識を有していなかった人々や、PMBOKなどが対象としてこなかったジャンルについては、これまでプロジェクトについて他者と語り、進める方法がなかったということです。

ゼロから始めるプロジェクトであれば、みんなが「これでいこう!」と思える進め方を作り上げ、関与するステークホルダーとの合意が必要です。プロジェクトがスタートしたら、起きた出来事に対してどのように対応するかを、メンバーで評価・検討し、対応を決定していく必要があります。会議・ミーティングの場で、プ譜をどのような作法・手順で使えば効果的か？　こうしたことが明らかにならないかぎり、共通言語にすることはできません。前著ではここまで踏み込んではいませんでした。

プ譜をプロマネが自分の思考を整理するだけでなく、チームでプロジェクトを進めていくための方法として完成度を上げる。これが私のプロジェクトの獲得目標になりました。以来、様々なプロジェクトにプロジェクトエディターとして伴走してきました。プロジェクトの状況をプ譜に書き起こし、プ譜を使ってミーティングをファシリテートし、意思決定を促していく。一人ひとりのメンバーが自分の仕事のプ譜を書き、振り返りの相手役をつとめることで、メンバーの学びと成長を促していくといったことを行ってきました。本書で紹介した方法はすべて、こうした経験から蓄積してきた、切れば血の出るナレッジです。この意味で、本書はプ譜という新しいプロジェクトツールに期待を寄せ、プ譜の有用性を認め、メンバーに広めたいと思ってご一緒くださったみなさんと作り上げたものです。

また、前著を編集くださった栗村卓生さんとは、前著の刊行以来、様々な分野の方々とプロジェクトについての対話を行い、そこから多くの気づきを得ました。その後を継いで、本書をまとめあげてくださった浦野有代さんにも、心からの感謝をお伝えします。

前著のあとがきにも書きましたが、私には2人の娘がいます。今の子どもたちは私たち以上に未知の世界を歩みます。そのとき、プロジェクトのお題は与えられたとしても、それをどのように進めるかのマニュアルは与えられることはありません。自らプロジェクトを興すときも同様です。なぜそのプロジェクトを行うのかを自ら問い、問うて自分で考えて、主体的に進めていく必要があります。しかし、ひとりではプロジェクトを進めることができません。他者に自分の考えを伝え、他者の考えも受けとめ、ともにプロジェクトを進める必要があります。そのための共通言語としてのプ譜と、それが使われるチームや場の作り方を今後もさらに磨いていき、ワークショップやブログなどで発信していきたいと考えています。

前田　考歩

前田考歩（まえだ・たかほ）

1978年三重県生まれ。自動車、映画、地域活性、防災、育児、動画など、様々な業界と製品のプロジェクトに携わる。プロジェクトに「編集」的手法を活かした、プロジェクト・エディティングを提唱、実践中。大小を問わず、プロジェクトを興して進めていく力を養成する「プ譜ワークショップ」の他、子どもが「問い」を見つけ、表現し、主体的にものごとに取り組む力を養う「なんで？プロジェクト」を主宰。宣伝会議「web動画クリエイター養成講座」などの講師を務め、後藤氏との「プロジェクトマネジメント基礎講座」が人気を集める。

後藤洋平（ごとう・ようへい）

1982年大阪生まれ。2006年東京大学工学部システム創成学科卒。「なぜ人と人は、考えたことを伝えあうのが難しいのだろうか」を生涯のテーマとしている、プロジェクト進行支援家。想定外のトラブルが絶えない現場を前進させる方法論「プロジェクト工学」を考案し、2018年に『予定通り進まないプロジェクトの進め方』(宣伝会議)を上梓。以来、書籍執筆やwebメディアへの寄稿、講演会登壇、企業向けワークショップ等、多方面で活動中。2019年5月10日に独立し、株式会社ゴトーラボ代表に就任。

見通し不安な
プロジェクトの切り拓き方

発行日	2020年3月26日　初版
著　者	前田考歩・後藤洋平
発行者	東 彦弥
発行所	株式会社宣伝会議 〒107-8550　東京都港区南青山3-11-13 tel.03-3475-3010（代表） https://www.sendenkaigi.com/
装丁・DTP	ISSHIKI
印刷・製本	株式会社暁印刷

ISBN 978-4-88335-490-0